Ephraim Kishon

Die süßen Kleinen

Ephraim Kishon

Die süßen Kleinen

LangenMüller

Ins Deutsche übertragen von
Friedrich Torberg und Ephraim Kishon

Besuchen Sie uns im Internet unter
www.langen-mueller-verlag.de

© 2011 by Langen*Müller* in der
F. A. Herbig Verlagsbuchhandlung GmbH München
Alle Rechte vorbehalten
Schutzumschlag und Motiv:
www.atelier-sanna.com, München
Satz: Ina Hesse
Gesetzt aus: 10,7/13,5 GaramondBQ
Druck und Binden: GGP Media GmbH, Pößneck
Printed in Germany
ISBN 978-3-7844-3271-7

Inhaltsverzeichnis

Latifa und die schwarze Magie

Sollte der Leser glauben, dass wir es mit keinen weiteren Haushaltsproblemen zu tun bekommen hätten, so wäre er im Irrtum. Besonders seit der Ankunft unseres prächtigen kleinen Rafi, der vor etwa zweieinhalb Jahren geboren wurde, nehmen die Probleme kein Ende. Eine schier unübersehbare Reihe von Sarahs, Mirjams und Leas ist seither an uns vorübergezogen, denn Rafi ist ein ungemein begabter Hausmädchen-Entferner. Kaum tritt eine neue weibliche Hilfskraft über die Schwelle unseres Hauses, beginnt Rafi, vor irgendwelchen atavistischen Instinkten befeuert, seinen schrillen, langanhaltenden Kriegsgesang, der das aufzunehmende Mädchen unfehlbar zu folgender Bemerkung veranlasst: »Ich wusste nicht, dass Sie so weit vom Stadtzentrum wohnen. Leider ...«

Und eine Sekunde später ist sie spurlos verschwunden.

Aber die Vorsehung ließ uns nicht im Stich. Ein sonniger, gnadenreicher Tag bescherte uns Latifa, die eine Empfehlung von ihrer Schwester Etroga mitbrachte. Etroga hatte vor drei oder vier Jahren in unserem Haushalt gearbeitet. Jetzt schickte sie uns zur Rache ihre Schwester. Aus irgendwelchen Gründen ließ Rafi die gewohnte proletarische Wachsamkeit vermissen: Während wir mit Latifa verhandelten – und das dauerte länger als eine halbe Stunde –, kam kein Laut über seine Lippen. Zu unserer grenzenlosen Freude nahm Latifa den Posten an.

Latifa war ein breitgesichtiges, kuhartiges Geschöpf. Ihr arabischer Dialekt bildete ein reizvolles Gegenstück zum fließenden Österreichisch meiner Schwiegermutter. Bald aber mussten wir entdecken, dass mit Latifa auch die schwarze Magie in unser Heim eingezogen war. Zunächst jedoch erfreute sich Latifa allgemeiner Beliebtheit, obwohl sie eher langsam war und mit jeder schläfrigen Bewegung bekundete, dass sie viel lieber in der Sonne oder im Kino gesessen hätte, statt sich mit Windeln und ähnlichem Zeug abzugeben.

Der erste schwere Zusammenstoß mit Latifa entstand wegen des venezianischen Spiegels. Wir nahmen gerade einige innenarchitektonische Veränderungen in unserer Wohnung vor. Während wir die Möbel hin und her schoben, beauftragte meine Gattin Latifa, den erwähnten Spiegel in die Zimmerecke zu hängen.

»Den Spiegel in die Ecke?«, stöhnte Latifa. »Hat man je gehört, dass jemand freiwillig einen Spiegel in die Zimmerecke hängt? Jedes Kind kann Ihnen sagen, dass ein Spiegel in der Ecke entsetzliches Unglück über das ganze Haus bringt!« Und ungewohnt lebhaft erzählte sie uns von einer ihrer Nachbarinnen, die allen Warnungen zum Trotz einen Spiegel in die Zimmerecke gehängt hatte. Was geschah? Eine Woche später gewann ihr Mann zehntausend Pfund in der Lotterie, erlitt vor Freude einen Schlaganfall und starb.

Wir waren tief betroffen. Und da wir uns keinem solchen Unheil aussetzen wollten, verkauften wir den

Spiegel kurzerhand für zwanzig Piaster an einen Alt-warenhändler, dem wir, um ihm die Transaktion schmackhaft zu machen, noch drei Paar Skier samt den dazugehörigen Stiefeln draufgaben.

Drei Tage später kam es zu einer neuen Krise, als wir Latifa aufforderten, den Plafond zu säubern.

»Entschuldigen Sie«, sagte Latifa. »Aber Sie glauben doch nicht im Ernst, dass ich auf eine Leiter hinauf-steige, solange der Kleine im Haus ist? Er braucht nur ein einziges Mal unter der Leiter durchzukriechen und bleibt sein Leben lang ein Zwerg. Dann können Sie ihn an einen Zirkus verkaufen.«

»Na, na«, sagte meine Frau besänftigend, und ich schloss mich an. »Na, na«, sagte ich besänftigend.

»Na, na? Was wollen Sie damit sagen? Der Tischler in unserem Haus hat einen Sohn, der ist jetzt fünfzehn Jahre alt und nur einen halben Meter groß, weil er als Kind immer unter den Leitern durchgekrochen ist. Wenn Sie aus Ihrem Sohn mit aller Gewalt einen Zwerg machen wollen, kann ich Sie nicht daran hin-dern. Aber ich möchte mich nicht dazu hergeben.«

Als Nächstes kam die Sache mit den Fensterschei-ben. Latifa erklärte, nur ein Irrsinniger könne daran denken, die Fensterscheiben am Freitag zu putzen – wo doch jeder Mensch weiß, dass dann sofort ein Brand ausbricht. Vergeblich bemühten wir uns, Latifa umzustimmen. Sie blieb hart. Wenn wir ihr im weiten Umkreis – so verkündete sie – auch nur eine einzige normaldenkende Frauensperson zeigen könnten, die bereit wäre, am Freitag die Fenster zu putzen, dann würde sie für die nächsten drei Monate auf ihr Gehalt verzichten.

Wir gaben auf, gingen zum Fenster und blickten verzweifelt hinaus. Was sahen wir? In der Wohnung unseres Drogisten gegenüber war das Hausmädchen gerade damit beschäftigt, die Fenster zu putzen.

»So ein Gauner!«, rief Latifa empört. »Erst gestern hat er eine Feuerversicherung abgeschlossen!«

Donnerstagnachmittag ersuchten wir Latifa, die Vorhänge abzunehmen. Sie taumelte, als hätte sie der Blitz getroffen, und brachte nur noch ein Flüstern zustande. »Was?«, flüsterte sie. »Was? Die Vorhänge abnehmen? Im Kislew? Sind Sie verrückt? Damit der kleine Rafi krank wird?!«

Diesmal waren wir entschlossen, nicht nachzugeben. Außerdem gebe es um die Ecke einen Doktor. Latifa wiederholte, dass sie eine so verbrecherische Handlung wie das Abnehmen von Vorhängen im Monat Kislew nicht mit ihrem Gewissen vereinbaren könne. Wir versicherten, die volle Verantwortung für alle etwa eintretenden Folgen zu übernehmen.

»Schön«, sagte Latifa. »Kann ich das schriftlich haben?«

Ich setzte mich an den Schreibtisch und fertigte eine eidesstattliche Erklärung aus, dass uns Frau Latifa Kudurudi für den Fall einer Vorhangabnahme vor einer Erkrankung unseres Söhnchens gewarnt hätte, aber von uns gezwungen worden wäre, die Vorhänge auf unsere Verantwortung abzunehmen.

Latifa nahm die Vorhänge ab.

Am Abend klagte der kleine Rafi über Kopfschmerzen. In der Nacht bekam er Fieber. Am Morgen zeigte das Thermometer vierzig Grad. Latifa sah uns vorwurfsvoll an und zuckte die Schultern. Meine Frau lief zum Doktor, der bei Rafi eine Grippe feststellte.

»Aber wie ist das nur möglich?«, schluchzte meine Frau. »Wir passen doch so gut auf ihn auf. Warum bekommt er plötzlich eine Grippe?«

»Warum?«, kam Latifas Stimme aus dem Hintergrund des Zimmers. »Ich werde Ihnen sagen, warum! Weil ich die Vorhänge abnehmen musste.«

»Was?« Der Doktor wandte sich um. »Was sagen Sie?«

»Jawohl«, sagte Latifa. »Die Vorhänge. Hat schon jemals ein vernünftiger Mensch im Kislew die Vorhänge abgenommen, wenn ein kleines Kind im Haus ist?«

»Das Mädchen hat vollkommen recht«, sagte der Doktor. »Wie können Sie bei diesem unfreundlichen, nasskalten Wetter die Vorhänge abnehmen? Kein Wunder, dass der Kleine sich erkältet hat. Ich muss schon sagen, dass mich Ihr Vorgehen sehr überrascht.«

Latifa zeigte dem Arzt wortlos das von mir ausgestellte Zeugnis und begab sich ebenso wortlos in die Küche.

Seither richten wir uns widerspruchslos nach Latifas Entscheidungen. Soviel wir bisher feststellen konnten, darf am Sonntag keine Wäsche gewaschen werden, weil sonst eine Überschwemmung ansteht, und das Polieren von Türklinken vor Frühlingsbeginn hat unfehlbar eine Schlangenplage zur Folge.

Im Übrigen erklärte Latifa, dass die Wohnung siebenundzwanzig Tage lang nicht aufgeräumt werden dürfte, wenn Rafi gesund werden soll. Am nächsten Morgen betrat sie das Zimmer, setzte sich in den Lehnstuhl und verlangte nach den Zeitungen.

Die Misswirtschaft in unserer Wohnung nimmt katastrophale Ausmaße an. Aber ich muss zugeben, dass Rafi nicht mehr hustet.

Im Supermarkt

Ich persönlich bin kein Freund von Supermärkten, vor allem deshalb, weil ich mir da drinnen immer vorkomme, als würde ich einen Kinderwagen schieben, eine Tätigkeit, die nicht unbedingt meiner Lebensphilosophie entspricht. Außerdem habe ich bis heute ein Trauma von der frenetischen Kaufhysterie, die in meiner Familie ausbrach, als der erste Supermarkt in unserer Gegend eröffnet wurde.

Gleich am Eingang herrschte lebensgefährliches Gedränge. Wir wurden zusammengepresst wie – tatsächlich, da waren sie auch schon: »Sardinen!«, rief meine Frau in schrillem Entzücken und machte einen sehenswerten Panthersatz direkt an den strategisch aufgestellten Verkaufstisch, rund um den sich bereits zahllose Hausfrauen mit Zähnen und Klauen rauften. Die aufgestapelten Sardinenbüchsen hätten zu einer kleinen Weltreise inspirieren können: Es gab französische, spanische, portugiesische, italienische, jugoslawische, albanische, zypriotische und heimische Sardinen, es gab Sardinen in Öl, in Tomatensauce, in Weinsauce und in Joghurt.

Meine Frau entschied sich für norwegische Sardinen und nahm noch zwei Dosen von ungewisser Herkunft dazu.

»Hier ist alles so viel billiger«, sagte sie.

»Aber wir haben doch kein Geld mitgenommen.«

»In meiner Handtasche war zufällig noch ein bisschen.«

Und damit ergriff sie eines dieser handlichen Einkaufsgestelle auf Rädern und legte die elf Sardinenbüchsen hinein. Nur aus Neugier, nur um zu sehen, was das eigentlich sei, legte sie eine Dose mit der Aufschrift »Gold-Syrup« dazu. Plötzlich wurde sie blass.

»Rafi! Um Himmels willen, wo ist Rafi?«

Wir fühlten uns ungefähr wie ein Elternpaar, dessen knapp achtzehn Monate altes Kind unter den Hufen einer einhertrampelnden Büffelherde verschwunden ist.

»Rafi!«, brüllten wir beide. »Rafael! Liebling!«

»Spielwarenabteilung, zweiter Block links«, half uns ein leidgeprüfter Verkäufer.

Im nächsten Augenblick zerriss ein explosionsartiger Knall unser Trommelfell. Der Supermarkt erzitterte bis in die Grundfesten und neigte sich seitwärts. Wir seufzten erleichtert auf. Rafi hatte sich an einer kunstvoll aufgerichteten Pyramide von etwa fünfhundert Obstkonserven zu schaffen gemacht und hatte mit dem untrüglichen Instinkt des Kleinkindes die zentrale Stützkonserve aus der untersten Reihe herausgezogen.

Um unseren kleinen Liebling für den erlittenen Schreck zu trösten, kauften wir ihm ein paar Süßigkeiten, Honig, Schweizer Schokolade, holländischen Kakao, etwas pulverisierten Kaffee und einen Beutel Pfeifentabak. Während ich die Kleinigkeiten in unserem Einkaufswägelchen verstaute, sah ich dort noch eine Flasche Parfüm, ein Dutzend Notizbücher und zehn Kilo rote Rüben liegen.

»Weib!«, rief ich aus. »Das ist nicht unser Wagen!«
»Nicht? Na wennschon!«

Diese Antwort hatte tatsächlich etwas für sich, denn es war kein schlechter Tausch, den wir da machten. Unser neuer Wagen enthielt nämlich bereits eine wohlsortierte Auswahl Käsesorten, Desserts in verschiedenen Farben, Badetücher und einen Besen.

»Können wir alles brauchen«, erklärte meine Frau. »Fragt sich nur, womit wir's bezahlen sollen.«

»So ein Zufall.« Ich wunderte mich. »Eben habe ich in meiner Hosentasche die Pfundnoten entdeckt, die ich neulich so lange gesucht habe.«

Von Gier getrieben, zogen wir weiter, wurden Zeugen eines mitreißenden Handgemenges dreier Damen, deren Einkaufswagen in voller Fahrt kollidiert waren. Inzwischen war Rafi aufs Neue verschwunden. Wo war er nur? Wir fanden ihn beim ehemaligen Eierregal.

»Wem gehört dieser Wechselbalg?«, schnaubte der Obereierverkäufer, gelb vor Wut und Eidotter. »Wer ist für dieses Monstrum verantwortlich?«

Eilig schleppten wir unseren Sohn ab, kauften noch einige Chemikalien für Haushaltszwecke und kehrten zu unsrem Wagen zurück, in den inzwischen irgendjemand eine Auswahl griechischer Weine, eine Kiste Zucker und mehrere Kannen Öl geworfen hatte. Um Rafi bei Laune zu halten, setzten wir ihn auf die Bank und kauften ihm ein japanisches Schaukelpferd, dem wir zwei Paar reizende Hausschuhe für Rafis Eltern unter den Sattel schoben.

»Weiter!«, stöhnte meine Gattin mit glasigen Augen.

»Mehr!«

Wir angelten uns einen zweiten Wagen, stießen zur Abteilung »Fleisch und Geflügel« vor und ergriffen mehrere Hühner, Enten und Lämmer, verschiedene Wurstwaren, Frankfurter, geräucherte Zunge, geräucherte Gänsebrust, Rauchfleisch, Kalbsleberpastete, Gänseleberpastete, Dorschleberpastete, Karpfen, Krabben, Krebse, Lachs, einen halben Wal und etwas Lebertran. Nach und nach kamen verschiedene Eierkuchen hinzu, Paprika, Zwiebeln, Kapern, eine Fahrkarte nach Capri, Zimt, Vanille, Vaselin, vasomotorische Störungen, Bohnen, Odol, Spargel, Speisesoda, Äpfel, Nüsse, Pfefferkuchen, Feigen, Datteln, Langspielplatten, Wein, Weib, Gesang, Spinat, Hanf, Melonen, ein Carabinieri, Erdbeeren, Himbeeren, Brombeeren, Blaubeeren, Haselnüsse, Kokosnüsse, Erdnüsse, Walnüsse, Mandarinen, Mandolinen, Oliven, Birnen, auch elektrische, ein Aquarium, Brot, Schnittlauch, Leukoplast, ein Flohzirkus, ein Lippenstift, ein Mieder, Ersatzreifen, Stärke, Kalorien, Vitamine, Proteine, ein Satellit und noch ein paar kleinere Gebrauchsgegenstände.

Unseren aus sechs Wagen bestehenden Zug zur Kasse zu führen, war nicht ganz einfach, weil das Kalb, das ich an den letzten Wagen angebunden hatte, immer zu seiner Mutter zurückwollte. Schließlich waren wir so weit, und der Kassierer begann schwitzend die Rechnung zusammenzustellen. Ich nahm an, dass sie ungefähr dem Defizit der staatlichen Handelsbilanz entsprechen würde, aber zu meinem Erstaunen belief sie sich auf nicht viel mehr als 4000 Pfund. Was uns am meisten beeindruckte, war die Geschicklichkeit, mit der unsere Warenbestände in große, braune Papiersäcke verpackt wurden. Nach wenigen Minuten war alles fix und fertig. Nur unser Erstgeborener, Rafi, fehlte.

»Haben Sie nicht irgendwo einen ganz kleinen Buben gesehen?«, fragten wir die Umstehenden.

Einer der Packer kratzte sich nachdenklich am Hinterkopf.

»Augenblick. Einen blonden Buben?«

»Ja. Er beißt.«

»Da haben Sie ihn.« Der Packer öffnete einen der großen Papiersäcke. Drinnen saß Rafi und kaute zufrieden an einer Tube Zahnpasta.

»Entschuldigen Sie«, sagte der Packer. »Ich dachte, Sie hätten den Kleinen hier gekauft.«

Wir bekamen für Rafi zwei Pfund dreißig heraus und verließen den Supermarkt. Draußen warteten schon die beiden Lastwagen.

Ein Vater wird geboren

Gegen Morgen setzte sich meine Frau, bekanntlich die beste Ehefrau von allen, im Bett auf, starrte eine Weile in die Luft, packte mich an der Schulter und sagte:

»Es geht los. Hol ein Taxi.«

Ruhig, ohne Hast, kleideten wir uns an. Dann und wann raunte ich ihr ein paar beruhigende Worte zu, aber das war eigentlich überflüssig. Wir beide sind hochentwickelte Persönlichkeiten von scharf ausgeprägter Intelligenz, und uns beiden ist klar, dass es sich bei der Geburt eines Kindes um einen ganz normalen biologischen Vorgang handelt, der sich seit Urzeiten immer wieder milliardenfach wiederholt und schon deshalb keinen Anspruch hat, als etwas Besonderes gewertet zu werden.

Während wir uns gemächlich zum Aufbruch anschickten, fielen mir allerlei alte Witze oder Witz-Zeichnungen ein, die sich über den Typ des werdenden Vaters auf billigste Weise lustig machen und ihn als kettenrauchendes, vor Nervosität halb wahnsinniges Wrack im Wartezimmer der Gebärklinik darzustellen lieben. Nun ja. Wir wollen diesen Scherzbolden das Vergnügen lassen. Im wirklichen Leben geht es anders zu.

»Möchtest du nicht ein paar Illustrierte mitnehmen, Liebling?«, fragte ich. »Du sollst dich nicht langweilen.«

Wir legten die Zeitschriften zuoberst in den kleinen Koffer, in dem sich auch etwas Schokolade und, natürlich, die Strickarbeit befand. Das Taxi fuhr vor. Nach bequemer Fahrt erreichten wir die Klinik. Der Portier notierte die Daten meiner Frau und führte sie zum Aufzug. Als ich ihr folgen wollte, zog er die Gittertür dicht vor meinem Gesicht zu.

»Sie bleiben hier, Herr. Oben stören Sie nur.«

Gewiss, er hätte sich etwas höflicher ausdrücken können. Trotzdem muss ich zugeben, dass er nicht ganz unrecht hatte. Wenn die Dinge einmal so weit sind, kann der Vater sich nicht mehr nützlich machen, das ist offenkundig. In diesem Sinne äußerte sich auch meine Frau.

»Geh ruhig nach Hause«, sagte sie, »und mach deine Arbeit wie immer. Wenn du Lust hast, geh am Nachmittag ins Kino. Warum auch nicht.«

Wir tauschten einen Händedruck, und ich entfernte mich federnden Schrittes. Mancher Leser wird mich jetzt für kühl oder teilnahmslos halten, aber das ist nun einmal meine Wesensart: nüchtern, ruhig, vernünftig – kurzum: ein Mann.

Ich sah mich noch einmal in der Halle der Klinik um. Auf einer niedrigen Bank in der Nähe der Portiersloge saßen dicht gedrängt ein paar bleiche Gesellen, kettenrauchend, lippennagend, schwitzend. Lächerliche Erscheinungen, diese »werdenden Väter«. Als ob ihre Anwesenheit irgendeinen Einfluss auf den vorgezeichneten Gang der Ereignisse hätte!

Manchmal geschah es, dass eine vor Aufregung zit-

ternde Gestalt von draußen auf die Portiersloge zu-
stürzte und atemlos hervorstieß: »Schon da?«

Dann ließ der Portier seinen schläfrigen Blick über
die vor ihm liegenden Namenslisten wandern, sto-
cherte in seinen Zähnen, gähnte und sagte gleichgültig: »Mädchen.«

»Gewicht?«

»Zweifünfundneunzig.«

Darauf sprang der neugebackene Vater auf meinen
Schoß und wisperte mir mit heißer, irrsinniger Stimme
immer wieder »zweifünfundneunzig, zweifünfundneunzig« ins Ohr, der lächerliche Tropf. Wen interes-
sierte schon das Lebendgewicht seines Wechselbalgs?
Kann meinetwegen auch zehn Kilo wiegen. Wie komisch wirkt doch ein erwachsener Mann, der die Kontrolle über sich verloren hat. Nein, nicht komisch.
Mitleiderregend.

Ich beschloss, nach Hause zurückzukehren und
mich meiner Arbeit zu widmen. Auch waren mir bereits die Zigaretten ausgegangen. Dann fiel mir ein,
dass ich vielleicht doch besser noch ein paar Worte mit
dem Arzt sprechen sollte. Vielleicht brauchte er ir-
gendetwas. Eine Aufklärung, einen kleinen Ratschlag.
Natürlich war das nur eine Formalität, aber auch For-
malitäten wollen erledigt sein.

Ich durchquerte den Vorraum und versuchte den
Aufgang zur Klinik zu passieren. Der Portier hielt mich
zurück. Auch als ich ihn informierte, dass mein Fall ein
besonderer Fall sei, zeigte er sich in keiner Weise be-
eindruckt. Zum Glück kam in diesem Augenblick der

Arzt die Stiegen herunter. Ich stellte mich vor und fragte ihn, ob ich ihm irgendwie behilflich sein könnte.

»Kommen Sie um fünf Uhr nachmittags wieder«, lautete seine Antwort. »Bis dahin würden Sie hier nur Ihre Zeit vergeuden.«

Nach diesem kurzen, aber aufschlussreichen Gedankenaustausch machte ich mich beruhigt auf den Heimweg. Ich setzte mich an den Schreibtisch, merkte aber bald, dass es heute mit der Arbeit nicht so recht klappen würde. Das war mir nie zuvor geschehen, und ich begann intensive Nachforschungen anzustellen, woran das denn wohl läge. Zu wenig Schlaf? Das Wetter? Oder störte mich die Abwesenheit meiner Frau? Ich wollte diese Möglichkeit nicht restlos ausschließen. Auch wäre die kühle Distanz, aus der ich die Ereignisse des Lebens sonst zu betrachten pflege, diesmal nicht ganz am Platze gewesen. Das Ereignis, das mir jetzt bevorstand, begibt sich ja schließlich nicht jeden Tag, auch wenn der Junge vermutlich ein Kind wie alle anderen sein wird, gesund, lebhaft, aber nichts Außergewöhnliches. Er wird seine Studien erfolgreich hinter sich bringen und dann die Diplomatenlaufbahn ergreifen. Schon aus diesem Grund sollte er einen Namen bekommen, der einerseits hebräisch ist und andererseits auch Nichtjuden leicht von der Zunge geht. Etwa Rafael. Nach dem großen niederländischen Maler. Am Ende wird der Schlingel noch Außenminister, und dann können sie in den Vereinten Nationen nicht einmal seinen Namen aussprechen. Man muss immer an die höheren Staatsinteressen denken. Übrigens soll er nicht allzu früh heiraten. Er soll Sport betreiben und an den Olympischen Spielen teilnehmen, wobei es mir vollkommen gleichgültig ist, ob er das Hürdenlaufen gewinnt oder das Diskuswerfen. In dieser Hinsicht bin ich kein Pedant. Und natürlich muss er alle Weltsprachen beherrschen. Und in der Aerodynamik Bescheid wissen. Wenn er sich allerdings mehr für Kernphysik interessiert, dann soll er eben Kernphysik studieren.

Und wenn es ein Mädchen wird?

Eigentlich könnte ich jetzt in der Klinik anrufen.

Gelassen, mit ruhiger Hand, hob ich den Hörer ab und wählte.

»Nichts Neues«, sagte der Portier. »Wer spricht?«

Ein sonderbar heiserer Unterton in seiner Stimme ließ mich aufhorchen. Ich hatte den Eindruck, als ob er mir etwas verheimlichen wollte. Aber die Verbindung war bereits unterbrochen.

Ein wenig nervös durchblätterte ich die Zeitung.

»Geburt einer doppelköpfigen Ziege in Peru.«

Was diese Idioten erfinden, um ihr erbärmliches Blättchen zu füllen! Man müsste alle Journalisten vertilgen.

Im Augenblick habe ich freilich Dringenderes zu tun. Zum Beispiel darf ich meinen Kontakt mit dem Arzt nicht gänzlich einschlafen lassen.

Ich sprang in ein Taxi, fuhr zur Klinik und hatte das Glück, unauffälligen Anschluss an eine größere Gesellschaft zu finden, die sich gerade zu einer Beschneidungsfeier versammelte.

»Schon wieder Sie?«, bellte der Doktor, als ich ihn endlich gefunden hatte. »Was machen Sie hier?«

»Ich bin zufällig vorbeigekommen und dachte, dass ich mich vielleicht erkundigen könnte, ob es etwas Neues gibt. Gibt es etwas Neues?«

»Ich sagte Ihnen doch, dass Sie erst um fünf Uhr kommen sollen! Oder noch besser: Kommen Sie gar nicht. Wir verständigen Sie telefonisch.«

»Ganz wie Sie wünschen, Herr Doktor. Ich dachte nur …«

Er hatte recht. Dieses ewige Hin und Her war vollkommen sinnlos und eines normalen Menschen unwürdig. Ich wollte mich nicht auf die gleiche Stufe stellen mit diesen kläglichen Gestalten, die sich immer noch bleich und zitternd auf der Bank vor der Portiersloge herumdrückten.

Aus purer Neugier nahm ich unter ihnen Platz, um ihr Verhalten vom Blickpunkt des Psychologen aus zu analysieren. Mein Sitznachbar erzählte mir unaufgefordert, dass er der Geburt seines dritten Kindes entgegensähe. Zwei hatte er schon, einen Knaben (3,15 kg) und ein Mädchen (2,7 kg). Andere Bankbenützer ließen Fotografien herumgehen. Aus Verlegenheit, und wohl auch, um den völlig haltlosen Schwächlingen einen kleinen Streich zu spielen, zog ich ein Bild meiner Frau aus dem achten Monat hervor.

»Süß«, ließen sich einige Stimmen vernehmen. »Wirklich herzig.«

Während ich ein neues Päckchen Zigaretten kaufte, beschlich mich das dumpfe Gefühl, etwas Wichtiges vergessen zu haben. Ich fragte den Portier, ob es etwas Neues gäbe. Der ungezogene Lümmel machte sich nicht einmal die Mühe einer artikulierten Auskunft. Er schüttelte nur den Kopf. Eigentlich schüttelte er ihn nicht einmal, sondern drehte ihn gelangweilt in eine andere Richtung.

Nach zwei Stunden begab ich mich in das Blumengeschäft auf der gegenüberliegenden Straßenseite, rief von dort aus den Arzt an und erfuhr von einer weiblichen Stimme, dass ich erst am Morgen wieder anrufen sollte. Es war, wie sich auf Befragen erwies, die Telefonistin. So springt man hierzulande mit angesehenen Bürgern um, die das Verbrechen begangen haben, sich um die nächste Generation zu sorgen.

Dann also ins Kino. Der Film handelte von einem jungen Mann, der seinen Vater hasst. Was geht mich dieser Bockmist aus Hollywood an. Außerdem wird es ein Mädchen. Im Unterbewusstsein hatte ich mich längst darauf eingestellt. Ich könnte sogar sagen, dass ich es schon längst gewusst habe. Ich hätte nichts dagegen einzuwenden, dass sie Archäologin wird, wenn sie nur keinen Piloten heiratet. Nichts da. Unter gar keinen Umständen akzeptiere ich einen Piloten als Schwiegersohn. Um Himmels willen – über kurz oder lang bin ich Großpapa. Wie die Zeit vergeht. Aber warum ist es hier so dunkel? Wo bin ich? Ach ja, im Kino. Zu dumm.

Ich tastete mich hinaus. Die kühle Luft erfrischte mich etwas. Nicht sehr, nur ein wenig. Und was jetzt?

Vielleicht sollte ich in der Klinik nachfragen.

Ich erstand zwei große Sträuße billiger Blumen, weil man als Botenjunge eines Blumengeschäftes in jede Klinik Zutritt hat, warf dem Portier ein tonlos geschäftiges »Zimmer 24« hin und bewerkstelligte unter dem Schutz der Dunkelheit meinen Eintritt.

Um den Mund des Arztes wurden leichte Anzeichen von Schaumbildung bemerkbar.

»Was wollen Sie mit den Blumen, Herr? Legen Sie sie auf Eis, Herr! Und wenn Sie nicht verschwinden, lasse ich Sie hinauswerfen!«

Ich versuchte ihm zu erklären, dass es sich bei den Blumen lediglich um eine List gehandelt hätte, die mir den Eintritt in die Klinik ermöglichen sollte.

Natürlich, so fügte ich hinzu, wüsste ich ganz genau, dass noch nichts los sei, aber ich dachte, dass vielleicht doch etwas los sein könnte.

Der Doktor sagte etwas offenbar Unfreundliches auf Russisch und ließ mich stehen.

Auf der Straße draußen fiel mir plötzlich ein, was ich vorhin vergessen hatte: Ich hatte seit vierundzwanzig Stunden keine Nahrung zu mir genommen. Rasch nach Hause zu einem kleinen Imbiss. Aber aus irgendwelchen Gründen blieb mir das Essen in der Kehle stecken, und ich musste mit einigen Gläsern Brandy nachhelfen. Dann schlüpfte ich in meinen Pyjama und legte mich ins Bett.

Wenn ich nur wüsste, warum sich die Geburt dieses Kindes so lange verzögert.

Wenn ich es wüsste? Ich weiß es. Es werden Zwillinge. Das ist so gut wie sicher. Zwillinge. Auch recht.

Da bekommt man alles, was sie brauchen, zu Engrospreisen. Ich werde ihnen eine praktische Erziehung angedeihen lassen. Sie sollen in die Textilbranche gehen und niemals Mangel leiden. Nur dieses entsetzliche Summen in meinem Hinterkopf müsste endlich aufhören. Und das Zimmer dürfte sich nicht länger drehen. Ein finsteres Zimmer, das sich trotzdem dreht, ist etwas sehr Unangenehmes.

Der Portier gibt vor, noch nichts zu wissen. Möge er eines qualvollen Todes sterben, der Schwerverbrecher. Sofort nach der Geburt meiner Tochter rechne ich mit ihm ab. Er wird sich wundern.

Rätselhafterweise sind mir schon wieder die Zigaretten ausgegangen. Wo bekommt man so spät in der Nacht noch Zigaretten? Wahrscheinlich nur in der Klinik.

Ich sauste zur Bushaltestelle, wurde aber von einem Hausbewohner eingeholt, der mich aufmerksam machte, dass ich keine Hosen anhatte.

»Wie überaus dumm und kindisch von mir!«, lachte ich, sauste zurück, um mir die Hosen anzuziehen, und konnte trotzdem nicht aufhören, immer weiter zu lachen. Erst in der Nähe der Klinik erinnerte ich mich an Gott. Im Allgemeinen bete ich nicht, aber jetzt kam es mir wie selbstverständlich von den Lippen.

»Herr im Himmel, bitte hilf mir nur dieses eine Mal, lass das Mädchen einen Buben sein und wenn möglich einen normalen, nicht um meinetwillen, sondern aus nationalen Gründen, wir brauchen junge, gesunde Pioniere ...«

Nächtliche Passanten gaben mir zu bedenken, dass ich mir eine Erkältung zuziehen würde, wenn ich so lange auf dem nassen Straßenpflaster kniete.

Der Portier machte bei meinem Anblick schon von weitem die arrogante Gebärde des halben Kopfschüttelns.

Mit gewaltigem Anlauf warf ich mich gegen das Gittertor, das krachend aufsprang, rollte auf die Milchglastür zu, kam hoch, hörte das Monstrum hinter mir brüllen … brüll du nur, du Schandfleck des Jahrhunderts … wer mich jetzt aufzuhalten versucht, ist selbst an seinem Untergang schuld …

»Doktor! Doktor!« Meine Stimme hallte schaurig durch die nachtdunklen Korridore. Und da kam auch schon der Arzt herangerast.

»Wenn ich Sie noch einmal hier sehe, lasse ich Sie von der Feuerwehr retten! Sie sollten sich schämen! Nehmen Sie ein Beruhigungsmittel, wenn Sie hysterisch sind!«

Hysterisch? Ich hysterisch? Der Kerl soll seinem guten Stern danken, dass ich mein Taschenmesser kurz nach der Bar-Mizwa verloren habe, sonst würde ich ihm jetzt die Kehle aufschlitzen. Und so etwas nennt sich Arzt. Ein Wegelagerer in weißem Kittel. Ein getarnter Mörder, nichts anderes. Ich werde an die Regierung einen Brief schreiben, den sie sich hinter den Spiegel stecken wird. Und von dieser Bank bei der Portiersloge weiche ich keinen Zoll, ehe man mir nicht mein Kind ausliefert. Hat jemand von den Herren vielleicht eine Zigarette? Beim Portier kann ich keine mehr kaufen, er verfällt in nervöse Zuckungen, wenn er mich nur sieht. Na wennschon! Natürlich bin ich aufgeregt. Wer wäre das in meiner Lage nicht. Schließlich ist heute der Geburtstag meines Sohnes. Auch wenn die Halle sich noch so rasend dreht und das Summen in meinem Hinterkopf nicht und nicht aufhören will ...

Es geht auf Mitternacht und noch immer nichts. Wie glücklich ist doch meine Frau, dass ihr diese Aufregung erspart bleibt. Guter Gott – und jetzt haben sie womöglich entdeckt, dass sie gar nicht schwanger ist, sondern nur einen aufgeblähten Magen hat vom vielen Popcorn. Diese Schwindler. Nein, Rafael wird nicht die Diplomatenlaufbahn ergreifen. Das Mädel soll Kindergärtnerin werden. Oder ich schicke die beiden in einen Kibbuz. Mein Sohn wird für meine Sünden büßen, ich sehe es kommen. Ich würde ja selbst in einen Kibbuz gehen, um das zu verhindern, aber ich habe keine Zigaretten mehr. Bitte um eine Zigarette, meine Herren, eine letzte Zigarette.

Es ist vorüber. Etwas Fürchterliches ist geschehen. Ich spüre es. Mein Instinkt hat mich noch nie betrogen. Das Ende ist da ...

Auf allen vieren schleppte ich mich zur Portiersloge. Ich brachte kein Wort hervor. Ich sah meinen Feind aus flehentlich aufgerissenen Augen an.

»Ja«, sagte er. »Ein Junge.«

»Was?«, sagte ich. »Wo?«

»Ein Junge«, sagte er. »Dreieinhalb Kilo.«

»Wieso?«, sagte ich. »Wozu?«

»Hören Sie«, sagte er. »Heißen Sie Ephraim Kishon?«

»Einen Augenblick«, sagte ich. »Ich weiß es nicht genau.«

Ich zog meinen Personalausweis heraus und sah nach. Tatsächlich: Es sprach alles dafür, dass ich Ephraim Kishon hieß.

»Bitte?«, sagte ich. »Was kann ich für Sie tun, gnädige Frau?«

»Sie haben einen Sohn!«, röhrte der Portier. »Dreieinhalb Kilo! Einen Sohn! Verstehen Sie? Einen Sohn von dreieinhalb Kilo …«

Ich schlang meine Arme um ihn und versuchte sein überirdisch schönes Antlitz zu küssen. Der Kampf dauerte eine Weile und endete unentschieden. Dann entrang sich meiner Kehle ein fistelndes Stöhnen. Ich stürzte hinaus.

Natürlich kein Mensch auf der Straße. Gerade jetzt, wo man jemanden brauchen würde, ist niemand da.

Wer hätte gedacht, dass ein Mann meines Alters noch Purzelbäume schlagen kann.

Ein Polizist erschien und warnte mich vor einer Fortsetzung der nächtlichen Ruhestörung. Rasch umarmte ich ihn und küsste ihn auf beide Backen.

»Dreieinhalb Kilo«, brüllte ich ihm ins Ohr. »Dreieinhalb Kilo!«

»Maseltow!«, rief der Polizist. »Gratuliere!«

Und er zeigte mir ein Foto seiner kleinen Tochter.

Kleine Beinchen, trippel-trapp

Eines Abends besuchte mich das Ehepaar Steiner, zwei nette Leute mittleren Alters. Herr Steiner ist ein ruhiger, bescheidener Mann mit guten Manieren, Frau Steiner ist ein wenig schüchtern und hält sich gern im Hintergrund, zumal wenn dieser mit der Küche identisch ist. Kurzum, ein Paar, dem man sein stilles Lebensglück schon von weitem ansieht.

»Es ist wahr«, ließ sich Herr Steiner vernehmen, nachdem wir uns gemütlich niedergelassen hatten. »Wir dürfen zufrieden sein, meine Frau und ich. Wir erfreuen uns bester Gesundheit, sind einander herzlich zugetan, haben ein Dach über dem Kopf und ein kleines Konto auf der Bank. Nicht einmal unsere Steuererklärung bringt einen Misston in unser friedliches Leben, denn sie wird von meinem Schwager besorgt, einem anerkannten Experten. Und doch, und doch. Es fehlt uns etwas. Wir sind kinderlos. Wie sehr haben wir uns ein Kind gewünscht! Aber es war uns nicht vergönnt.«

Herr Steiner schwieg. Frau Steiner seufzte.

»Es ist immer so ruhig bei uns zu Hause!« Abermals seufzte sie. »Und wir wären glücklich, wenn in diese Ruhe ein wenig Abwechslung käme. Helles Kinderlachen, zum Beispiel. Oder ein süßes Babystimmchen aus der Wiege.«

Frau Steiner schwieg. Herr Steiner seufzte.

»Nach gründlicher Beratung«, sagte er dann, »haben wir uns entschlossen, ein Kind zu adoptieren.«

»Ich gratuliere«, sagte ich.

»Wir wollen einen Sohn«, sagten Herr und Frau Steiner gleichzeitig.

»Das liegt auf der Hand«, sagte ich.

»Wir haben sogar schon einen Namen für ihn ausgesucht: Ben.«

»Ein schöner Name«, sagte ich.

»Die Sache ist nicht ganz einfach«, sagte Frau Steiner. »Wir sind nicht mehr die Jüngsten, und ich zweifle, ob ich mich noch um ein Baby kümmern kann, wie man sich um ein Baby kümmern muss. Deshalb dachten wir an ein Kind im Alter von zwei bis drei Jahren.«

»Sehr richtig«, stimmte ich zu. »Das Alter ist ein wichtiger Faktor. Mit zwei oder drei Jahren ist das Kind noch klein und süß – und dennoch schon imstande, alles aufzunehmen und wieder von sich zu geben.«

»Eben davor fürchten wir uns ein wenig«, warf jetzt Herr Steiner ein. »Das Kleinkind befindet sich ständig in Bewegung und rennt den ganzen Tag herum. Meine Füße aber tragen mich nicht mehr so geschwind wie ehedem. Ein Kind von sechs Jahren« – er hob den Finger, um seine Worte zu unterstreichen – »wäre das Richtige. Es ist bereits um vieles selbständiger. Außerdem hat es Spielgefährten.«

»Sie müssen unbedingt ein sechsjähriges Kind adoptieren«, bestätigte ich.

»Mit sechs Jahren«, wandte Frau Steiner ein, »beginnt es allerdings zur Schule zu gehen, und das, wie

Sie wissen, ist ein Wendepunkt im Leben eines jeden Kindes. Vielleicht wäre es besser, ein Kind zu adoptieren, das diesen Wendepunkt bereits hinter sich hat, das an Schule und Leben bereits einigermaßen gewöhnt ist. Ein zehn- oder zwölfjähriges Kind.«

»Was Sie sagen, klingt sehr vernünftig«, gestand ich.

Frau Steiner, sichtlich erfreut über meine anerkennenden Worte, fuhr fort.

»Andererseits darf man nicht vergessen, dass ein Kind in diesem Alter bei seinen Schul- und Hausaufgaben der elterlichen Hilfe bedarf. Wer weiß, ob wir – zwei bescheidene Bürgerleute mittleren Alters – dazu noch in der Lage sind?«

»Bestimmt nicht«, sagte Herr Steiner mit dem Überzeugungston der Brust. »Und das bedeutet nicht mehr und nicht weniger, als dass wir einen Jungen adoptieren müssen, der zumindest seine Mittelschulstudien abgeschlossen hat.«

»Nein.« Frau Steiner schüttelte bekümmert den Kopf. »Da wird er ja sofort zum Militär eingezogen.«

»Richtig«, nickte Herr Steiner. »Ich fürchte, wir müssen mit dem Adoptieren bis zur Beendigung seiner Militärdienstzeit warten.«

»Dann«, gab Frau Steiner zurück, »wird er sich um einen Posten kümmern müssen. Vergiss nicht: Er ist um diese Zeit ein erwachsener Mensch ohne jedes Einkommen und ohne finanzielle Mittel. Oder willst du für seinen Lebensunterhalt aufkommen?«

»Das ginge leider über meine Kräfte«, gestand Herr Steiner.

Ich schaltete mich wieder ins Gespräch ein:

»Frau Steiner hat recht. Ein Dreißigjähriger wäre in jeder Hinsicht vorteilhafter.«

»Dessen bin ich nicht so sicher«, widersprach Frau Steiner. »In diesem Alter pflegt man zu heiraten, gründet eine eigene Familie und kümmert sich nicht mehr um seine Eltern.«

»Also was wollen Sie eigentlich?« Ich konnte nicht verhindern, dass in meiner Stimme ein leiser Beiklang von Ungeduld mitschwang.

Das Ehepaar Steiner sah mich verwundert an. Dann räusperte sich Herr Steiner und sprach:

»Unserer wohlerwogenen Meinung nach wäre es am besten, ein Kind zu adoptieren, das seinen Platz im Leben und in der Gesellschaft bereits gefunden und seine Fähigkeiten bereits bewiesen hat. Schließlich weiß ja nur Gott allein, was aus einem kleinen Buben werden mag, wenn er heranwächst, und das Risiko ist groß. Aber wenn er bereits auf beiden Beinen im Leben steht, hat man nichts mehr zu fürchten. Auf so einen Sohn kann man stolz sein. Auch ist er gegebenenfalls in der Lage, seine Eltern zu unterstützen.«

»Goldene Worte«, sagte ich. »Und haben Sie jemand Bestimmten im Auge?«

»Ja«, sagte das Ehepaar Steiner. »Ben Gurion.«

Babysitting und was man dafür tun muss

Frau Regine Popper muss nicht erst vorgestellt werden. Sie gilt allgemein als bester Babysitter der Nation und hat wiederholt mit weitem Vorsprung die Staatsligameisterschaft gewonnen. Sie ist pünktlich, tüchtig, zuverlässig, loyal und leise – kurzum, eine Zauberkünstlerin im Reich der Windeln. Noch nie hat unser Baby Rafi sich über sie beklagt. Frau Popper ist eine Perle.

Ihr einziger Nachteil besteht darin, dass sie in Tel Giborim wohnt, von wo es keine direkte Verbindung zu unserem Haus gibt. Infolgedessen muss sie sich der Institution des Pendelverkehrs bedienen, wie er hierzulande von den Autotaxis betrieben wird und der jeweils vier bis fünf Personen befördert. Diese Institution heißt hebräisch »Scherut«. Mit diesem Scherut gelangt Frau Popper bis zur Omnibuszentrale, und dort muss sie auf einen andern Scherut warten, und manchmal gibt es keinen Scherut, und dann muss sie ihre nicht unbeträchtliche Leibesfülle in einen zum Platzen vollgestopften Bus zwängen, und bei solchen Gelegenheiten kommt sie in völlig desolatem und zerrüttetem Zustand bei uns an, und ihre Blicke sind ein einziger stummer Vorwurf und sagen: »Schon wieder kein Scherut.«

Allabendlich gegen acht beginnen wir um einen Scherut für Frau Popper zu beten. Manchmal hilft es, manchmal nicht. Das macht uns immer wieder große Sorgen für die Zukunft, denn Frau Popper ist unersetzlich. Schade nur, dass sie in Tel Giborim wohnt. Ohne Telefon.

Was soll diese lange Einleitung? Sie soll zu jenem Abend überleiten, an dem wir das Haus um halb neun verlassen wollten, um ins Kino zu gehen. Bis dahin hatte ich noch ein paar wichtige Briefe zu schreiben. Leider floss mein Stil – möglicherweise infolge der lähmenden Hitze – an jenem Abend nicht so glatt wie sonst, und ich war, als Punkt halb neun die perfekte Perle Popper erschien, noch nicht ganz fertig. Ihre Blicke offenbarten sofort, dass es wieder einmal keinen Scherut gegeben hatte.

»Ich bin gelaufen«, keuchte sie. »Was heißt gelaufen? Gerannt bin ich. Zu Fuß. Wie eine Verrückte.«

In solchen Fällen gibt es nur eines: Man muss sofort aus dem Haus, um Frau Poppers Marathonlauf zu rechtfertigen. Andernfalls hätte sie sich ja ganz umsonst angestrengt.

Aber ich wollte unbedingt noch mit meinen wichtigen Briefen fertig werden, bevor wir ins Kino gingen.

Schon nach wenigen Minuten öffnete sich die Tür meines Arbeitszimmers.

»Sie sind noch hier?«

»Nicht mehr lange.«

»Unglaublich. Ich renne mir die Seele aus dem Leib – und Sie sitzen gemütlich hier und haben Zeit!«

»Er wird gleich fertig sein.« Die beste Ehefrau von allen stellte sich schützend vor mich.

»Warum lassen Sie mich überhaupt kommen, wenn Sie sowieso zu Hause bleiben?«

»Wir bleiben nicht zu Hause. Aber wir würden Sie selbstverständlich auch bezahlen, wenn …«

»Das ist eine vollkommen überflüssige Bemerkung!« Frau Regine Popper richtete sich zu majestätischer Größe auf. »Für nicht geleistete Arbeit nehme ich kein Geld. Nächstens überlegen Sie sich bitte, ob Sie mich brauchen oder nicht.«

Um weiteren Auseinandersetzungen vorzubeugen, ergriff ich die Schreibmaschine und verließ eilends das Haus, ebenso eilends gefolgt von meiner Frau. In der ekligen Konditorei gegenüber schrieb ich die Briefe fertig. Das Klappern der Schreibmaschine erregte anfangs einiges Aufsehen, aber dann gewöhnten sich die Leute daran. Ins Kino kamen wir an diesem Abend nicht mehr. Meine Frau – nicht nur die beste Ehefrau von allen, sondern auch von bemerkenswertem realpolitischem Flair – schlug vor, das noch verbleibende Zeitminimum von drei Stunden mit einem Spaziergang auszufüllen. Bei Nacht ist Tel Aviv eine sehr schöne Stadt. Besonders der Strand, die nördlichen Villenviertel, das alte Jaffa und die Ebene von Abu Kabir bieten lohnende Panoramen.

Kurz vor Mitternacht waren wir wieder zu Hause, müde, zerschlagen, mit Blasen an den Füßen.

»Wann«, fragte Frau Regine Popper, während wir ihr den fälligen Betrag von 5,75 Pfund aushändigten, »wann brauchen Sie mich wieder?«

Eine rasche, klare Entscheidung, wie sie dem Manne ansteht, war dringend geboten. Andererseits durfte nichts Unbedachtes vereinbart werden, denn da Frau Popper kein Telefon besitzt, lässt sich eine einmal getroffene Vereinbarung nicht mehr rückgängig machen.

»Übermorgen?« fragte Frau Popper. »Um acht?«

»Übermorgen ist Mittwoch«, murmelte ich. »Ja, das passt uns sehr gut. Vielleicht gehen wir ins Kino …«

Der Mensch denkt, und Gott ist dagegen. Mittwoch um sieben Uhr abends begann mein Rücken zu schmerzen. Ein plötzlicher Schweißausbruch warf mich aufs Lager. Kein Zweifel: Ich fieberte. Die beste Ehefrau von allen beugte sich besorgt über mich.

»Steh auf«, sagte sie und schnippte ungeduldig mit den Fingern. »Die Popper kann jeden Moment hier sein.«

»Ich kann nicht. Ich bin krank.«

»Sei nicht so wehleidig, ich bitte dich. Oder willst du riskieren, dass sie uns noch zu Hause trifft und fragt, warum wir sie für nichts und wieder nichts den weiten Weg aus Tel Giborim machen lassen? Komm. Steh auf.«

»Mir ist schlecht.«

»Mir auch. Nimm ein Aspirin und komm!«

Die Schweizer Präzisionsmaschine, die sich unter dem Namen Popper in Israel niedergelassen hat, erschien pünktlich um acht, schwer atmend.

»Schalom«, zischte sie. »Schon wieder kein…«

In panischer Hast kleidete ich mich an. Wäre sie mit einem Scherut gekommen, dann hätte man sie vielleicht umstimmen können. So aber, nach einer langen

Fahrt im qualvoll heißen Omnibus und einem vermutlich noch längeren Fußmarsch, erstickte ihre bloße Erscheinung jeden Widerstand im Keim. Wir verließen das Haus, so schnell mich meine vom Fieber geschwächten Beine trugen. Draußen musste ich mich sofort an eine Mauer lehnen. Kaum hatte ich den Schwindelanfall überwunden, packte mich ein Schüttelfrost. An den geplanten Kinobesuch war nicht zu denken. Mit Mühe schleppte ich mich am Arm meiner Frau zu unserem Wagen und kroch hinein, um mich ein wenig auszustrecken. Ich bin von eher hohem Wuchs, und unser Wagen ist eher klein.

»O Herr!«, stöhnte ich. »Warum, o Herr, muss ich mich hier zusammenkrümmen, statt zu Hause im Bett zu liegen?«

Aber der Herr gab keine Antwort.

Mein Zustand verschlimmerte sich von Viertelstunde zu Viertelstunde. Ich glaubte, in dem engen, vom langen Parken in der Sonne noch glühendheißen Wagen ersticken zu müssen. Auch die einbrechende Dunkelheit brachte mir keine Linderung.

»Lass mich heimgehen, Weib«, flüsterte ich.

»Jetzt?« Unheilverkündend klang die Stimme der besten Ehefrau von allen durch das Dunkel. »Nach knappen eineinhalb Stunden? Glaubst du, Regine Popper kommt wegen eineinhalb Stunden eigens aus Tel Giborim?«

»Ich glaube gar nichts. Ich will nicht sterben für Regine Popper. Ich bin noch jung, und das Leben ist schön. Ich will leben. Ich gehe nach Hause.«

»Warte noch zwanzig Minuten. Oder wenigstens dreißig.«

»Nein. Nicht einmal eine halbe Stunde. Ich bin am Ende. Ich gehe.«

»Weißt du was?« Knapp vor dem Haustor fing sie mich ab. »Wir schlüpfen heimlich ins Haus, so dass sie uns nicht hört, setzen uns still ins Schlafzimmer und warten …«

Das klang halbwegs vernünftig. Ich stimmte zu. Behutsam öffneten wir die Haustür und schlichen uns ein. Aus meinem Arbeitszimmer drang ein Lichtstrahl. Dort also hatte Frau Popper sich eingenistet. Interessant. Wir setzten unseren Weg auf Zehenspitzen fort, wobei uns die Kenntnis des Terrains sehr zustatten kam. Aber kurz vor dem Ziel verriet uns ein Knarren der Holzdiele.

»Wer ist da?«, röhrte es aus dem Arbeitszimmer.

»Wir sind's!« Rasch knipste meine Frau das Licht an und schob mich durch die Tür. »Ephraim hat das Geschenk vergessen.«

Welches Geschenk? Wie kam sie darauf? Was meinte sie damit? Aber da war, mit einem giftigen Seitenblick nach mir, die beste Ehefrau von allen schon an das nächste Bücherregal herangetreten und entnahm ihm die »Geschichte des englischen Theaters seit Shakespeare«, einen schweren Band im Lexikonformat, den sie mir sofort in die zittrigen Arme legte. Dann, nachdem wir uns bei Frau Popper für die Störung entschuldigt hatten, gingen wir wieder.

Draußen brach ich endgültig zusammen. Von meiner Stirn rann in unregelmäßigen Bächen der Schweiß, und vor meinen Augen sah ich zum ersten Mal im Leben kleine rote Punkte flimmern. Bisher hatte ich das immer für ein billiges Klischee gehalten, aber es gibt sie wirklich, die kleinen roten Punkte. Und sie flimmern wirklich vor den Augen. Besonders wenn man unter einem Haustor sitzt und weint.

Die beste Ehefrau von allen legte mir ihre kühlenden Hände auf die Schläfen.

»Es gab keine andere Möglichkeit. Wie fühlst du dich?«

»Wenn Gott mich diese Nacht überleben lässt«, sagte ich, »dann übersiedeln wir nach Tel Giborim. Am besten gleich in das Haus, wo Frau Regine Popper wohnt.«

Eine halbe Stunde später war ich so weit zu Kräften gekommen, dass wir einen zweiten Versuch wagen konnten. Diesmal ging alles gut. Wir hatten ja schon Übung. Lautlos fiel die Haustür ins Schloss, ohne Knarren passierten wir den Lichtschein, der aus dem Arbeitszimmer drang, und unentdeckt gelangten wir ins Schlafzimmer, wo wir uns angekleidet hinstreckten. Es standen uns noch drei Stunden bevor.

Über die anschließende Lücke in meiner Erinnerung kann ich naturgemäß nichts aussagen.

»Ephraim!« Wie aus weiter Ferne klang mir die Stimme meiner Frau ans Ohr. »Es ist halb sechs! Ephraim! Halb sechs!« Jetzt erst merkte ich, dass sie unablässig an meinen Schultern rüttelte.

Ich blinzelte ins Licht des jungen Tages. Schon lange, schon sehr lange hatte kein Schlaf mich so erquickt. Rein strategisch betrachtet, waren wir allerdings übel dran. Wie sollten wir Frau Popper aus ihrer befestigten Stellung herauslocken?

»Warte«, sagte die beste Ehefrau von allen und verschwand. Aus Rafis Zimmer wurde plötzlich die gellende Stimme eines mit Hochfrequenz heulenden Kleinkindes hörbar. Kurz darauf kehrte meine Frau zurück.

»Hast du ihn gezwickt?«, fragte ich.

Sie bejahte von der halboffenen Tür her, durch die wir jetzt Frau Poppers füllige Gestalt in Richtung Rafi vorübersprinten sahen.

Das gab uns Zeit, das Haus zu verlassen und es mit einem lauten, fröhlichen »Guten Morgen!« sogleich wieder zu betreten.

»Eine feine Stunde, nach Hause zu kommen!«, bemerkte tadelnd Frau Regine Popper und wiegte auf fleischigen Armen den langsam ruhiger werdenden Rafi in den Schlaf. »Wo waren Sie so lange?«

»Bei einer Orgie.«

»Ach Gott, die heutige Jugend …«

Frau Regine Popper schüttelte den Kopf, brachte den nun wieder friedlich schlummernden Rafi in sein Bettchen zurück, bezog ihre Gage und trat in den kühlen Morgen hinaus, um nach einem Scherut zu sehen. Ich brachte sie nach Hause.

Ein Fläschchen fürs Kätzchen

Wir alle haben unsere Schwächen. Manche von uns trinken, manche sind dem Spielteufel verfallen, manche sind Schürzenjäger oder Finanzminister. Meine Frau, die beste Ehefrau von allen, ist Katzenliebhaberin. Die Katzen, die sie liebhat, sind aber keine reinrassigen Edelprodukte aus Siam oder Angora, sondern ganz gewöhnliche, ja geradezu ordinäre kleine Biester, die in den Straßen umherstreunen und durch klägliches Miauen kundtun, dass sie sich verlassen fühlen. Sobald die beste Ehefrau von allen eine dieser armseligen Kreaturen erspäht, bricht ihr das Herz, Tränen stürzen ihr aus den Augen, sie presst das arme kleine Ding an sich, bringt es mit nach Hause und umgibt es mit Liebe, Sorgfalt und Milch. Bis zum nächsten Morgen.

Am nächsten Morgen ist ihr das alles schon viel zu langweilig. Am nächsten Morgen spricht sie zu ihrem Gatten wie folgt: »Möchtest du mir nicht wenigstens ein paar Kleinigkeiten abnehmen? Ich kann nicht alles allein machen. Rühr dich gefälligst.«

Und so geschah es auch mit Pussy. Sie hatte Pussy tags zuvor an einer Straßenecke entdeckt und ohne Zögern adoptiert. Zu Hause stellte sie sofort einen großen Teller mit süßer Milch vor Pussy hin und schickte sich an, mit mütterlicher Befriedigung zuzuschauen, wie Pussy den Teller leerlecken würde.

Pussy tat nichts dergleichen. Sie schnupperte nur ganz kurz an der Milch und drehte sich wieder um.

Fassungslos sah es die Adoptivmama. Wenn Pussy keine Milch nähme, würde sie ja verhungern. Es musste sofort etwas geschehen. Aber was?

Im Verlauf der nun einsetzenden Beratung entdeckten wir, dass Pussy zur großen, glücklichen Familie der Säugetiere gehörte und folglich die Milch aus einer Flasche eingeflößt bekommen könnte.

»Das trifft sich gut«, sagte ich. »Wir haben ja für unsern Zweitgeborenen, das Knäblein Amir, nicht weniger als acht sterilisierte Milchflaschen im Hause, und …«

»Was fällt dir ein?! Die Milchflaschen unseres Amirlein für eine Katze?! Geh sofort hinunter in die Apotheke und kauf ein Schnullerfläschchen für Pussy!«

»Das kannst du nicht von mir verlangen.«

»Warum nicht?«

»Weil ich mich schäme. Ein erwachsener Mensch, noch dazu ein anerkannter Schriftsteller, den man in der ganzen Gegend auch persönlich kennt, kann doch unmöglich in eine Apotheke gehen und ein Schnullerfläschchen für eine Katze verlangen.«

»Papperlapapp«, erwiderte meine Gattin. »Nun geh schon endlich.«

Ich ging, mit dem festen Entschluss, die wahre Bestimmung des Fläschchens geheim zu halten.

»Ein Milchfläschchen, bitte«, sagte ich dem Apotheker.

»Wie geht es dem kleinen Amir?« fragte er.

»Danke, gut. Er wiegt bereits zwölf Pfund.«

»Großartig. Was für eine Flasche soll es denn sein?«

»Die billigste«, sagte ich.

Ringsum entstand ein ominöses Schweigen. Die Menschen, die sich im Laden befanden – es waren ihrer fünf oder sechs –, rückten deutlich von mir ab und betrachteten mich aus feindselig geschlitzten Augen.

»Seht ihn euch nur an, den Kerl«, bedeuteten ihre Blicke. »Gut gekleidet, Brillenträger, fährt ein großes Auto – aber für seinen kleinen Sohn kauft er die billigste Flasche. Es ist eine Schande.«

Auch vom Gesicht des Apothekers war das freundliche Lächeln verschwunden.

»Wie Sie wünschen«, sagte er steif. »Ich möchte Sie nur darauf aufmerksam machen, dass diese billigen Flaschen sehr leicht zerbrechen.«

»Macht nichts«, antwortete ich leichthin. »Dann leime ich sie wieder zusammen.«

Der Apotheker wandte sich achselzuckend ab und kam mit einer größeren Auswahl von Milchflaschen zurück. Es waren lauter Prachterzeugnisse der internationalen Milchflaschen-Industrie. Nur ganz am Ende des Assortements, schamhaft versteckt, lag ein kleines, hässliches, schäbiges Fläschchen in Braun.

Ich nahm alle Kraft zusammen.

»Geben Sie mir das braune.«

Das abermals entstandene Schweigen, noch ominöser als das erste, wurde von einer dicklichen Dame unterbrochen.

»Es geht mich nichts an«, sagte sie, »und ich will

mich nicht in Ihre Privatangelegenheiten mischen. Aber Sie sollten sich das doch noch einmal überlegen. Ein Kind ist der größte Schatz, den Gott uns schenken kann. Wenn Sie so schlecht dran sind, mein Herr, dass Sie sparen müssen, dann sparen Sie überall anders, nur nicht an Ihrem kleinen Sohn. Für ein Kind ist das Beste gerade gut genug. Glauben Sie einer mehrfachen Mutter!«

Ich tat, als hätte ich nichts gehört, und erkundigte mich nach den Preisen der verschiedenen Flaschen. Sie rangierten zwischen 5 und 8 Israelischen Pfund. Die braune, auf die meine Wahl gefallen war, kostete nur 35 Aguroth.

»Mein kleiner Bub ist sehr temperamentvoll«, sagte ich ein wenig stotternd. »Ein rechtes Teufelchen. Zerschlägt alles, was ihm in die Hände kommt. Es wäre ganz sinnlos, eine teure Flasche für ihn zu kaufen. Er ruiniert sie sofort.«

»Warum sollte er?«, fragte der Apotheker. »Wenn Sie sein kleines Köpfchen mit der linken Hand vom Nacken aus stützen … sehen Sie, so … während Sie ihm mit der rechten Hand die Milch einflößen, ist alles in Ordnung. Oder scheint Ihnen das nicht der Mühe wert?«

Vor meinem geistigen Auge erschien Pussy, in sauberen Windeln gegen meine linke Hand gestützt und begehrlich nach dem Fläschchen schnappend. Ich schüttelte den Kopf, um das Spukbild zu vertreiben.

»Sie wissen wohl nicht, wie man ein Kleinkind behandelt?«, ließ die dicke, mehrfache Mutter sich vernehmen. »Ja, ja, die jungen Ehepaare von heute … Aber dann sollten Sie wenigstens eine Nurse haben. Haben Sie eine Nurse?«

»Nein … das heißt …«

»Ich werde Ihnen eine sehr gute Nurse verschaffen!«, entschied die Dicke. »So, wie Sie Ihr Baby behandeln, kriegt es ja einen Schock fürs ganze Leben … warten Sie … ich habe zufällig die Telefonnummer bei mir…«

Und schon war meine Wohltäterin am Telefon, um eine Nurse für mich zu engagieren. Verzweifelt sah ich mich um. Die Ausgangstür war nur drei Meter von mir entfernt. Hätten die beiden untersetzten Männergestalten, die meinen Blick offenbar bemerkt hatten, nicht die Tür blockiert, dann wäre ich mit einem Satz draußen gewesen und heulend im Nebel verschwunden. Aber es war zu spät.

»Sie sollten der Dame dankbar sein«, empfahl mir der Apotheker. »Sie hat vier Kinder und alle sind gesund. Verlassen Sie sich drauf: Sie verschafft Ihnen eine ausgezeichnete Nurse, die den kleinen Amir von seinen nervösen Zuständen heilen wird.«

Ich darf bei dieser Gelegenheit einflechten, dass mein zweitgeborener Sohn Amir das normalste Kind im ganzen Nahen Osten ist und keinerlei »Zustände« hat, von denen ihn irgendjemand heilen müsste.

Es blieb mir nur noch die Hoffnung, dass die geschulte Nurse am andern Ende des Telefons nicht zu Hause wäre.

Sie war zu Hause. Die feiste Madame, die sich nicht

in meine Privatangelegenheiten mischen wollte, teilte mir triumphierend mit, dass Fräulein Mirjam Kussevitzky, diplomierte Nurse, bereit wäre, morgen bei mir vorzusprechen. »Passt Ihnen elf Uhr vormittag?«, fragte das Monstrum.

»Nein«, antwortete ich, »da habe ich zu tun.«

»Und um eins?«

»Fechtstunde.«

»Auch Ihre Frau?«

»Auch meine Frau.«

»Dann vielleicht um zwei?«

»Da schlafen wir.«

»Um vier?«

»Da schlafen wir noch immer. Fechten macht müde.«

»Sechs?«

»Um sechs erwarten wir Gäste.«

»Acht?«

»Um acht gehen wir ins Museum.«

»Das hat man davon, wenn man jemandem uneigennützig helfen will!«, rief die uneigennützige Helferin mit zornbebender Stimme und schmiss den Hörer hin. »Dabei hätte Ihnen dieser Informationsbesuch keine Kosten verursacht, wie Sie in Ihrem Geiz wahrscheinlich befürchten. Es ist wirklich unerhört.«

Ein leichter Schaum trat auf ihre Lippen. Die übrigen Anwesenden zogen einen stählernen Ring um mich. Es sah bedrohlich nach Lynchjustiz aus.

Aus dem Hintergrund kam die eisige Stimme des Apothekers.

»Soll ich Ihnen also die braune Flasche einpacken? Die billigste?«

Ich bahnte mir den Weg zu ihm und nickte ein stummes Ja. Insgeheim gelobte ich, wenn ich gesund und lebendig von hier wegkäme, ein Waisenhaus für verlassene Katzen zu stiften.

Der Apotheker unternahm einen letzten Bekehrungsversuch.

»Sehen Sie sich doch nur diesen billigen Gummiverschluss an, oben auf der Flasche. Er ist von so schlechter Qualität, dass er sich schon nach kurzem Gebrauch ausdehnt. Das Kind kann, Gott behüte, daran ersticken.«

»Na wennschon«, erwiderte ich mit letzter Kraft. »Dann machen wir eben ein neues.«

Aus dem drohenden Ring, der mich jetzt wieder umgab, löste sich ein vierschrötiger Geselle, trat auf mich zu und packte mich am Rockaufschlag.

»Sind Sie sich klar darüber«, brüllte er mir ins Gesicht, »dass man mit diesen billigen Flaschen keine Babys füttert, sondern Katzen?!«

Das war zu viel. Ich war am Ende meiner Widerstandskraft.

»Geben Sie mir die beste Flasche, die Sie haben«, hauchte ich dem Apotheker zu.

Ich verließ den Laden mit einer sogenannten »Super-Pyrex«-Babyflasche, der eine genaue Zeit- und Quantitätstabelle beilag sowie ein Garantieschein für zwei Jahre und ein anderer gegen Feuer-, Wasser- und Erdbebenschaden. Preis: 8,50 Pfund.

»Warum, du Idiot«, fragte die beste Ehefrau von allen, als ich die Kostbarkeit ausgepackt hatte, »warum musstest du die teuerste Flasche kaufen?«

»Weil ein verantwortungsbewusster Mann an allem sparen darf, nur nicht an seinen Katzen«, erwiderte ich.

Die Stimme des Blutes

Es ist eine weithin bekannte Tatsache, dass wir beide, meine Frau und ich, unsere Familienangelegenheiten streng diskret behandeln und dass ich mir niemals einfallen ließe, sie etwa literarisch auszuwerten. Es kann ja auch keinen Menschen interessieren, was bei uns zu Hause vorgeht.

Nehmen wir beispielsweise den Knaben Amir, der in Wahrheit noch ein Baby ist, und zwar ein außerordentlich gut entwickeltes Baby. Nach Ansicht der Ärzte, die wir gelegentlich zu Rate ziehen, liegt sein Intelligenzniveau 30 bis 35 Prozent über dem absoluten Minimum, und die restlichen 65 bis 70 Prozent werden mit der Zeit noch hinzukommen. Amir hat blaue Augen, wie König David sie hatte, und rote Haare, ebenfalls wie König David. Das mag ein faszinierendes Zusammentreffen sein – für die Öffentlichkeit ist es uninteressant.

Manchmal allerdings kommt es im Leben des Kleinkinds zu einem Ereignis, über das man unmöglich schweigend hinweggehen kann. So auch hier. Amir stand nämlich eines Tages auf und blieb stehen. Auf beiden Beinen.

Man glaubt es nicht? Nun ja, gewiss, früher oder später lernen alle Kinder, auf beiden Beinen zu stehen. Aber Amir stand auf beiden Beinen, ohne es jemals gelernt zu haben, ohne Ankündigung oder Vorbereitung.

Es war ungefähr fünf Uhr nachmittags, als aus dem Baby-Trakt unserer Wohnung ein völlig unerwartetes, sieghaftes Jauchzen erklang – wir stürzten hinzu –, und tatsächlich: Klein Amir stand da und hielt sich am Gitter seiner Gehschule fest. Tatsächlich, er stand fest auf beiden Beinen, sehr zum Unterschied von der Exportwirtschaft des Staates Israel. Unsere Freude war grenzenlos.

»Großartig!«, riefen wir. »Gut gemacht, Amir! Bravo! Mach's noch einmal!«

Hier ergaben sich nun einige Schwierigkeiten. Das Kind hatte erstaunlich frühzeitig, oder in jedem Fall nicht zu spät, das Geheimnis des Aufstehens ohne Hilfe erforscht, aber die Technik des Wiederhinsetzens war ihm noch nicht geläufig. Und da ein Kleinkind unmöglich den ganzen Tag lang stehen kann, gab der kleine Liebling deutliche Zeichen von sich, dass wir ihm beim Niederlassen behilflich sein sollten. Was wir auch taten.

Amir steht sehr gerne auf. Er ist, wenn man so sagen darf, darauf versessen, zu stehen. Mindestens siebzigmal am Tag erklingt aus seiner Ecke der Ruf: »Papi! Papi!«

Ich bin es, den er ruft. Ich, sein Vater, der ihn gezeugt hat. Darin liegt etwas zutiefst Bewegendes. Seine Mutter beschäftigt sich mit ihm fast ununterbrochen, sie füttert ihn mit allerlei Milch und verschiedenen Sorten von Brei, sie hegt und pflegt ihn nach besten Kräften – aber der wunderbare, fast atavistische Urinstinkt des Kindes spürt ganz genau, wer der Herr im Haus ist und wem es vertrauen darf. Deshalb bricht Amir jedes Mal, wenn er aufsteht und sich nicht wieder hinsetzen kann, in den gleichen Ruf aus, in den Ruf: »Papi! Papi!«

Und Papi kommt. Papi eilt herbei. Gleichgültig, was ich gerade tue und in welcher Lage ich mich befinde, vertikal oder horizontal – wenn mein Kind nach mir ruft, lasse ich alles stehen und liegen und bin an seiner Seite. Zugegeben: Es ist ein schwerer Schlag für das Selbstbewusstsein meiner Frau. Es bringt selbst mich in eine gewisse Verlegenheit, dass das Kind, obwohl es in gewissem Sinn auch das ihre ist, sich so klar und eindeutig für seinen Vater entscheidet. Zum Glück ist meine Frau eine intelligente, aufgeklärte Person und weiß ihre Eifersucht zu verbergen. Vor ein paar Tagen gab sie mir sogar ausdrücklich zu verstehen, dass ich mir ab sofort keine Sorgen mehr machen müsse.

»Es ist alles in Ordnung, Ephraim«, sagte sie, als ich wieder einmal von einer der Niederlassungs-Zeremonien zurückkam. »Amirs Liebe gehört dir. Damit muss ich mich abfinden.«

So etwas kann einem richtig wohltun. Andererseits möchte man von Zeit zu Zeit auch schlafen.

Solange das Kind nur während des Tages aufstand, war es mir eine frohe Selbstverständlichkeit, ihm beim Niedersetzen zu helfen. Aber als ich ihm immer öfter bis in die frühen Morgenstunden zu Hilfe eilen musste, hätte ein scharfer Beobachter bei mir gewisse Anzeichen von Nervosität entdecken können. Ich brauche mindestens drei Stunden Schlaf, sonst beginne ich zu stottern. Und nicht einmal diese drei Stunden wollte der Balg mir gönnen.

In jener unvergesslichen Bartholomäusnacht hatte ich zwecks Ableistung Erster Hilfe schon dreißigmal mein Lager verlassen, während die beste Ehefrau von allen friedlich auf dem ihren ruhte, in tiefem Schlaf, mit regelmäßigen Atemzügen und manchmal mit einem sanften Lächeln um ihre Lippen, wenn sie, in den Schlummer hinein, den fernen »Papi! Papi!«-Ruf vernahm.

Ich verargte ihr dieses Lächeln nicht. Mein Sohn hatte ja schließlich mich gerufen und nicht sie. Trotzdem empfand ich es als irgendwie ungerecht, dass ich, der überarbeitete, abgeschundene Vorstand des Haushalts, zwischen meinem Bett und dem Baby-Winkel pausenlos hin- und herflitzen musste, während die hauptberufliche Mutter ungestört neben mir dahinschnarchte.

Ein leiser Groll gegen Amir keimte in meinem Innern auf. Erstens hätte er schon längst gelernt haben können, sich ohne Hilfe hinzusetzen wie die anderen erwachsenen Kinder. Und zweitens war es kein schöner Zug von ihm, sich seiner lieben Mutter gegenüber, die ihn aufopfernd und unermüdlich hegte, so schlecht zu benehmen. Er ist eben rothaarig, wie ich schon sagte.

Als die beste Ehefrau von allen wieder einmal ihre Zeit beim Friseur vergeudete, nahm ich Amir auf meine Knie und sprach langsam und freundlich auf ihn ein.

»Amir – ruf nicht immer Papi , wenn du etwas brauchst. Gewöhn dir an, Mami zu rufen. Mami, Mami. Hörst du, mein kleiner Liebling? Mami, Mami, Mami.«

Amir, auch das glaube ich schon gesagt zu haben, ist ein sehr aufgewecktes Kind. Und die beste Ehefrau von allen ist sehr oft beim Friseur.

Nie werde ich den historischen Augenblick vergessen, als mitten in der Nacht zum ersten Mal aus Amirs Ecke der revolutionäre Ruf erklang: »Mami! Mami!«

Ich griff mit starkem Arm nach meiner Ehefrau und rüttelte sie so lange, bis sie erwachte.

»Mutter«, flüsterte ich in die Dunkelheit, »dein Sohn steht auf beiden Beinen.«

Mutter brauchte einige Zeit und einige weitere Rufe, ehe sie die Situation erfasste. Schwerfällig, um nicht zu sagen: widerwillig, erhob sie sich, schlaftrunken torkelnd kam sie nach einer Weile zurück. Aber sie sagte nichts und streckte sich wieder hin wie jemand, der aus dem Halbschlaf wieder in den ganzen zu verfallen plant.

»Mach dich darauf gefasst, Liebling«, raunte ich ihr zu, »dass unser Sohn dich noch öfter rufen wird.«

Und so geschah es.

In den folgenden Wochen durfte ich mich nach langer, langer Zeit wieder eines völlig ungestörten Schlummers erfreuen. Unser kleines, süßes, blauäugiges Wunder hatte unter meiner Führung den richtigen Weg gefunden und hatte die Bedeutung der Mutterschaft vollauf begriffen. Die Lage normalisierte sich.

Mutter bleibt Mutter, so will es die Natur. Und wenn ihr Kind nach ihr ruft, dann muss sie dem Ruf folgen. In einer besonders gesegneten Nacht stellte sie mit zweiundvierzig Ruf-Folgeleistungen einen imposanten Rekord auf.

»Ich bin von Herzen froh, dass Amir zu dir zurückgefunden hat«, sagte ich eines Morgens beim Frühstück, als sie endlich so weit war, die Augen halb offen zu halten. »Findest du nicht auch, dass die Mutter-Kind-Beziehung das einzig Natürliche ist?«

Leider nahm die einzig natürliche Situation ein jähes Ende. Es mochte vier Uhr früh sein, als ich mich unsanft wachgerüttelt fühlte.

»Ephraim«, flötete die beste Ehefrau von allen, »dein Sohn ruft dich.«

Ich wollte es zuerst nicht glauben. Aber da klang es aufs Neue durch die Nacht: »Papi! Papi!«

Und dabei blieb es. Amir hatte wieder zu mir herübergewechselt.

Rote Haare sind Ansichtssache

Die wahre Sachlage ist mit der Bezeichnung »rot« nur unzulänglich charakterisiert. Amir ist nicht eigentlich rot – er ist purpurhaarig. Als wäre auf seinem Schädel ein Feuer ausgebrochen. Man findet dieses Rot gelegentlich auf den Bildern des frühen Chagall, dort, wo die fliegenden Hähne den Kamm haben. Mir persönlich macht das nichts aus. Das Phänomen der Rothaarigkeit hat, finde ich, auch seine guten Seiten. Wenn Amir uns beispielsweise in einem Gedränge abhandenkommt, können wir ihn binnen kurzem dank seiner Haarfarbe orten, selbst in der größten Menschenmenge. Schlimmstenfalls wird er also kein Stierkämpfer werden. Na wennschon! Ist das ein Gesprächsthema?

Ich muss zugeben, dass auf dem ganzen, weit verzweigten Stammbaum meiner Familie kein einziger Rotkopf hockt, nicht einmal irgendein entfernter Urgroßonkel. Wieso gerade mein Sohn? Aber schließlich waren einige der bedeutendsten Männer der Weltgeschichte rothaarig, zum Beispiel fällt mir jetzt kein Name ein. Churchill, heißt es, kam sogar mit einer Glatze zur Welt.

»In meinen Augen«, pflegt die beste Ehefrau von allen zu sagen, »ist Amir das schönste Kind im ganzen Land.«

Amir selbst scheint der gleichen Ansicht zu sein. Noch bevor er richtig gehen konnte, nahm er jede Gelegenheit wahr, sich in einem Spiegel anzuschauen und verzückt auszurufen: »Ich bin lothaalig, ich bin lothaalig!«

Er fühlte sich von Herzen froh und glücklich. Wir, seine erfahrenen Eltern, wussten freilich nur allzu gut, was ihm bevorstand. Schon im Kindergarten würde das kleine, grausame Pack ihn wegen seiner Haarfarbe necken und hänseln. Armer Rotkopf, wie wirst du das Leben ertragen.

Unsere Sorgen bewahrheiteten sich. Amir besuchte erst seit wenigen Wochen den Kindergarten, als er eines Tages traurig und niedergeschlagen nach Hause kam. Auf unsere Frage, ob ihm jemand etwas Böses getan hätte, begann er zu schluchzen.

»Ein Neuer ... heute ... er sagt ... rot ... rote Haare ...«

»Er sagt, dass du rote Haare hast?«

»Nein ... er sagt ... seine Haare sind röter.«

Ein Kind, vor allem ein schluchzendes Kind, kann sich nicht immer verständlich ausdrücken. Deshalb riefen wir den Leiter des Kindergartens an. Er bestätigte, dass ein neu hinzugekommener Junge ebenfalls rothaarig sei und dass unser empfindsamer Sohn offenbar unter dem Verlust seiner Monopolstellung litt.

Amir hatte mittlerweile die ganze Geschichte vergessen und ging in den Garten, um sich vor der Katze zu fürchten.

»Jetzt ist er noch im seelischen Gleichgewicht«, erklärte mir seine Mutter. »Er hält rote Haare für schön. Aber wie wird's in der Schule weitergehen?«

Sie gestand mir, dass sie in ihren Träumen von einer Schreckensvision heimgesucht würde: Amirlein rennt auf seinen kleinen Beinchen eine Straße entlang, verfolgt von einer brüllenden Kohorte (meine Frau träumt immer so extravagante Ausdrücke), die mit dem Ausruf: »Karottenkopf, Karottenkopf!« hinter ihm herhetzt.

Und wirklich, ein knappes Vierteljahr später kam Amir atemlos nach Hause gerannt.

»Papi, Papi!«, rief er schon von weitem. »Heute haben sie mich ›Karottenkopf‹ gerufen!«

»Hast du dich mit ihnen geprügelt?«

»Geprügelt? Warum?«

Es ist ihm immer noch nicht klar, dem Ärmsten, dass man ihn kränken will. Wahrscheinlich stellt er sich unter einem Karottenkopf ein besonders schmackhaftes Gemüse vor. Manchmal stolziert er siegestrunken auf der Straße auf und ab, deutet auf seinen Kopf und jauchzt: »Karottenkopf, Karottenkopf!«

Wie lange sollen wir ihn in seinem Irrtum belassen? Ist es nicht unsere Pflicht, ihn rechtzeitig aufzuklären, ihn auf die Erniedrigungen und Beleidigungen vorzubereiten, von denen seine kleine Kinderseele nichts ahnt?

»Du bist der Vater«, entschied die beste Ehefrau von allen. »Sprich du mit ihm.«

Ich nahm Amir auf die Knie.

»Es ist keine Schande, rote Haare zu haben, mein Sohn«, begann ich. »Niemand kann sich die Farbe seiner Haare aussuchen, stimmt's? König Davids Haar war flammend rot, und trotzdem hat er Goliath besiegt. Wenn also irgendein Idiot eine dumme Bemerkung über deine Haarfarbe macht, dann sag ihm geradeheraus: ›Jawohl, ich bin rothaarig, aber mein Papi nicht!‹ Hast du verstanden?«

Amir hörte mir nicht besonders aufmerksam zu. Er wollte längst hinausgehen und den Hund unseres Nachbarn mit Steinen bewerfen. Abwesend streichelte er mich und murmelte ein paar Worte, dass ich mir nichts daraus machen sollte, keine roten Haare zu haben. Dann ließ er mich sitzen.

Nun, jedenfalls war er das schönste rothaarige Kind im ganzen Kindergarten. Er empfand seine roten Haare als Auszeichnung. Rothaarige sind sehr eigensinnig. Man muss sich nicht selten über sie ärgern. Es ist kein Zufall, dass man rothaarige Menschen nicht mag. Ich persönlich verstehe das sehr gut.

Meine Frau und ich beschlossen, die Sache nicht weiterzuverfolgen. Wir ließen das Schicksal an uns herankommen.

Als draußen vor dem Haus eine lautstarke Rauferei ausbrach, wussten wir, dass es so weit war.

Ich stürzte hinaus. Amir saß auf einem Fahrrad und heulte herzzerreißend, während die anderen Kinder – sofern man diese wilde Meute als »Kinder« bezeichnen konnte – von allen Seiten auf ihn eindrangen. Ich brach durch den stählernen Ring und drückte meinen kleinen Liebling ans Herz.

»Wer hat dich einen Rotkopf geschimpft?«, brüllte ich. »Wer wagt es, meinen Sohn zu beschimpfen?«

Die minderjährigen Monster blinzelten in die Luft und zogen es vor, nicht zu antworten.

Amir selbst fand die klärenden Worte.

»Was Rotkopf, wer Rotkopf?«, fragte er. »Ich hab mir Gillis Fahrrad ausgeborgt, und er will es zurückhaben. Aber ich kann viel besser radeln als er. Warum lässt er mich nicht?«

»Das ist mein Rad«, stotterte einer der Knaben, wahrscheinlich Gilli. »Und ich hab's ihm nicht geborgt.«

»So, du hast es ihm nicht geborgt? Weil er rote Haare hat, nicht wahr?«

Und ohne mich mit der widerwärtigen Brut weiter abzugeben, trug ich Amir auf starken Armen ins Haus. Während ich ihm das Gesicht wusch, tröstete ich ihn mit väterlicher Liebe.

»Du bist kein Rotkopf, mein Herzblättchen. Deine Haare spielen ins Rötliche, aber sie sind nicht wirklich rot. Bei richtigen Rotköpfen ist die ganze Nase mit Sommersprossen bedeckt. Du hast höchstens vier, und auch die nur im Sommer. Kränk dich nicht. Es hat rothaarige Könige gegeben. Und die schönsten Tiere, die Gott geschaffen hat, sind rothaarig. Zum Beispiel der Fuchs. Oder der Wiedehopf, wenn er zufällig rote Federn hat. Du aber bist nicht rothaarig, Amir. Glaub ihnen nicht, wenn sie dich Rotkopf nennen. Sei nicht traurig. Hör ihnen gar nicht zu, mein kleiner Rotkopf.«

Es half nichts. Die Überzeugung, dass rote Haare etwas Schönes wären, hatte sich in Amir festgesetzt.

Er meint, dass Rothaarige anders seien als die anderen. Daran ist nur der Kindergarten schuld, wo man den Kleinen solchen Unsinn beibringt.

Gestern ertappte ich ihn dabei, wie er vor dem Spiegel stand und seine Sommersprossen zählte. Meine Frau behauptete, dass er sich heimlich kämmt und bürstet und alle möglichen Frisuren für seine Haare entwirft.

»Warum?«, seufzte sie. »Warum lässt man ihn nicht in Ruhe? Warum reibt man ihm ununterbrochen unter die Nase, dass er rothaarig ist?«

Ich weiß auf diese Frage keine Antwort. Aber ich hege das tiefste Mitgefühl für alle rothaarigen Kinder, besonders für jene, deren Eltern nichts dazu tun, um sie von ihrem Rothaar-Komplex zu befreien.

Nun ja. Nicht jedes Kind hat das Glück, solche Eltern zu haben wie unser Amir.

Das Wunderkind

Ich liebe es, auf Parkbänken zu sitzen, aber nur im Winter. Denn da sich während der kalten Monate nur ein Irrsinniger ins Freie setzen würde, kann ich in Ruhe meine Kreuzworträtsel und Quizfragen lösen und vielleicht ein wertvolles Buch gewinnen, ohne dass mich jemand stört. So saß ich auch gestern wieder im Dezembersonnenschein auf meiner Bank und stellte mit Genugtuung fest, dass mir kein Gespräch drohte.

Gerade als ich dabei war, 7 links senkrecht einzutragen, näherte sich von rechts waagerecht eine kümmerliche, farblose Erscheinung männlichen Geschlechts, blieb stehen, wandte sich an mich und fragte: »Ist hier frei?«

Mein »Ja« war kurz und alles eher als einladend, aber das hinderte den Störenfried nicht, sich auf das andere Ende der Bank niederzulassen. Ich vertiefte mich demonstrativ in meine senkrechten und waagerechten Probleme, wobei ich mittels gerunzelter Brauen anzudeuten versuchte, dass ich in meiner verantwortungsvollen Arbeit nicht gestört zu werden wünschte und dass niemand mich fragen sollte, ob ich diesen Park öfter besuche, ob ich verheiratet bin, was ich monatlich verdiene und was ich von unserer Regierung halte.

Der Mann neben mir schien meine isolationistischen Tendenzen zu wittern. Er übersprang die einleitenden Floskeln und ging sofort aufs Ganze. Mit einer einzigen, offenkundig routinierten Handbewegung schob er mir ein halbes Dutzend Fotos von Postkartengröße, einen Knaben darstellend, unter die Nase.

»Eytan wird übermorgen sechs Jahre«, gab mir der Begleittext bekannt.

Pflichtschuldig überflog ich die sechs Bilder, lächelte milde über das eine, auf dem Eytan die Zunge herausstreckte, und retournierte die mobile Ausstellung an den Besitzer. Dann vertiefte ich mich wieder in mein Kreuzworträtsel. Aber ich spürte in jeder Faser meines Nervensystems, dass ich dem Schicksal nicht entrinnen konnte. Und da kam es auch schon.

»Ganz wie Sie wollen«, sagte der Mann und rief dem in einiger Entfernung herumtollenden Knaben durch den Handtrichter zu: »Eytan, komm schnell her. Der Herr möchte mit dir sprechen.«

Eytan kam widerwillig herangeschlurft und blieb vor der Bank stehen, die Hände mürrisch in den Hosentaschen. Sein Vater sah ihn mit mildem Tadel an.

»Nun? Was sagt man, wenn man einen fremden Herrn kennenlernt?«

Eytan, ohne mich auch nur eines Blickes zu würdigen, antwortete: »Ich habe Hunger.«

»Das Kind lügt nicht«, wandte sich der Vater erklärend an mich. »Wenn Eytan sagt, dass er Hunger hat, dann hat er Hunger, da können Sie Gift darauf nehmen.«

Ich wies diese Zumutung energisch zurück und fragte den stolzen Erzeuger, warum er mir die Fotos gezeigt hätte, obwohl das Modell in Fleisch und Blut zugegen war.

»Die Fotos sind ähnlicher«, lautete die väterliche Antwort. »Eytan ist in der letzten Zeit ein wenig abgemagert.«

Ich brummte etwas Unverständliches und schickte mich an, die Bank und sicherheitshalber auch den Park zu verlassen. Mein Nachbar erstickte diese Absicht im Keim. »Das Kind hat ein fantastisches Talent für Mathematik«, raunte er mir hinter vorgehaltener Hand aus dem Mundwinkel zu, so dass Eytan nichts davon hören und sich nichts darauf einbilden konnte. »Er geht erst seit ein paar Monaten in die Schule, aber der Lehrer hält ihn schon jetzt für ein Wunderkind ... Eytan, sag dem Herrn eine Zahl.«

»1032«, sagte Eytan.

»Eine andre. Eine höhere.«

»6527.«

»Also bitte. Haben Sie so etwas schon erlebt? Im Handumdrehen! Und dabei ist er erst sieben Jahre alt! Unglaublich, wo er diese hohen Zahlen hernimmt. Und das ist noch gar nichts. Eytan, sag dem Herrn, er soll an eine Zahl denken!«

»Nein«, sagte Eytan.

»Eytaaan! Du wirst den Herrn sofort bitten, an eine Zahl zu denken!«

»Denken Sie an eine Zahl«, grunzte Eytan gelangweilt.

Jetzt machte mein Nachbar wieder von der vorgehaltenen Hand und vom Mundwinkel Gebrauch.

»Drei! Bitte denken Sie an drei!« Dann hob er den Finger und wandte sich dem Gegenstand seines Stolzes zu. »Und jetzt werden wir den Herrn bitten, die Zahl, die er sich gedacht hat, mit zehn zu multiplizieren, nicht wahr, Eytan?«

»Meinetwegen.«

»Was heißt ›meinetwegen‹? Sprich anständig und in ganzen Sätzen.«

»Multiplizieren Sie die Zahl, die Sie sich gedacht haben, mit zehn«, leierte Eytan den vorgeschriebenen Text herunter.

»Weiter«, ermahnte ihn sein Vater.

»Dann dividieren Sie die neue Zahl durch fünf. Halbieren Sie die Zahl, die Sie dann bekommen – und das Resultat ist die Zahl, an die Sie zuerst gedacht haben.«

»Stimmt's?«, fragte mein Nachbar zitternd vor Aufregung, und als ich bejahend nickte, kannte seine Freude keine Grenzen. »Aber wir sind noch nicht fertig! Eytan, sag jetzt dem Herrn, an welche Zahl er gedacht hat.«

»Weiß ich nicht.«

»Eytan!«

»Sieben?«, fragte das Wunderkind.

»Nein!«

»Eins?«

»Auch nicht!«, brüllte der enttäuschte Papa. »Konzentrier dich!«

»Ich konzentrier mich ja.« Der Kleine begann zu weinen. »Aber woher soll ich wissen, an welche Zahl ein fremder Mann denkt?«

Mit der Selbstbeherrschung des Vaters war es vorbei.

»Drei!« Seine Stimme überschlug sich. »Drei, drei, drei! Wie oft soll ich dir noch sagen, dass die Leute immer an drei denken?!«

»Und wenn schon«, quakte das gepeinigte Kind. »Was gehen mich Zahlen an? Immer nur Zahlen, immer nur Zahlen! Wer braucht das?«

Aber da hatte mein Nachbar ihn schon am Kragen und beutelte ihn in erhabenem Vaterzorn.

»Was sagen Sie dazu?«, keuchte er unter Verzicht auf Mundwinkel und vorgehaltene Hand. »Haben Sie schon jemals ein achtjähriges Kind gesehen, dass sich nicht einmal eine einzige Ziffer merken kann? Gott hat mich hart geschlagen.«

Damit machte er sich davon, den heulenden Eytan hinter sich herziehend. Ich sah ihm nach, bis seine gramgebeugte Gestalt im winterlichen Mittagssonnenschein verschwand.

Welch ein Fluch für einen Vater, wenn er erkennen muss, dass er dem eigenen Sohn rein gar nichts von seinem Genius vererbt hat.

Verschlüsselt

Zum Nachmittagstee kamen die Lustigs, die wir eingeladen hatten, und brachten ihren sechsjährigen Sohn Schragele mit, den wir nicht eingeladen hatten. Offen gesagt: Wir schätzen es nicht besonders, wenn Eltern immer und überall mit ihrer keineswegs immer und überall erwünschten Nachkommenschaft auftreten. Indessen erwies sich Schragele als ein netter, wohlerzogener Knabe, obwohl es uns ein wenig enervierte, dass er sich pausenlos in sämtlichen Räumen unseres Hauses herumtrieb.

Wir saßen mit seinen Eltern beim Tee und unterhielten uns über alles Mögliche, angefangen von den amerikanischen Mondflügen bis zur Krise des israelischen Theaters. Es waren keine sehr originellen Themen, und die Konversation plätscherte eher mühsam dahin.

Plötzlich hörten wir – ich möchte mich gerne klar ausdrücken, ohne den guten Ton zu verletzen – hörten wir also, dass Schragele, nun ja, die Wasserspülung unserer Toilette in Betrieb setzte.

An sich wäre das nichts Außergewöhnliches gewesen. Warum soll ein gesundes Kind im Laufe eines Nachmittags nicht das Bedürfnis verspüren, auch einmal ... man versteht, was ich meine ... und warum soll es nach vollzogenem Bedürfnis nicht die Wasserspülung ... wie gesagt, das ist nichts Außergewöhnliches.

Außergewöhnlich wurde es erst durch das Verhalten der Eltern. Sie verstummten mitten im Satz, sie verfärbten sich, sie sprangen auf, sie schienen von plötzlichen Krämpfen befallen zu sein, und als Schragele in der Tür erschien, brüllten sie beide gleichzeitig:

»Schragele – was war das?«

»Der Schlüssel zum Kleiderschrank vom Onkel«, lautete die ruhig erteilte Auskunft des Knaben.

Frau Lustig packte ihn an der Hand, zog ihn unter heftigen Vorwürfen in die entfernteste Zimmerecke und ließ ihn dort mit dem Gesicht zur Wand stehen.

»Wir sprechen nur ungern darüber.« Herr Lustig konnte dennoch nicht umhin, sein bekümmertes Vaterherz mit gedämpfter Stimme zu erleichtern. »Schragele ist ein ganz normales Kind – bis auf diese eine, merkwürdige Gewohnheit. Wenn er einen Schlüssel sieht, wird er von einem unwiderstehlichen Zwang befallen, ihn ... Sie wissen schon ... in die Muschel zu werfen und hinunterzuspülen. Nur Schlüssel, nichts anderes. Immer nur Schlüssel. Alle unsere Versuche, ihm das abzugewöhnen, sind erfolglos geblieben. Wir wissen nicht mehr, was wir tun sollen. Freunde haben uns geraten, gar nichts zu unternehmen und das Kind einfach nicht zu beachten, dann würde es von selbst zur Vernunft kommen. Wir haben diesen Rat befolgt – mit dem Ergebnis, dass wir nach einiger Zeit keinen einzigen Schlüssel mehr im Haus hatten ...«

»Komm einmal her, Schragele!« Ich rief den kleinen Tunichtgut zu mir. »Nun sag doch: Warum wirfst du alle Schlüssel ins Klo?«

»Weiß nicht«, antwortete Schragele achselzuckend. »Macht Spaß.«

Jetzt ergriff Frau Lustig das Wort.

»Wir haben sogar einen Psychiater konsultiert. Er verhörte Schragele zwei Stunden lang und bekam nichts aus ihm heraus. Dann fragte er uns, ob wir den Buben nicht vielleicht als Baby mit einem Schlüssel geschlagen hätten. Natürlich Blödsinn. Schon deshalb, weil ja ein Schlüssel für so etwas viel zu klein ist. Das sagten wir ihm auch. Er widersprach, und es entwickelte sich eine ziemlich lebhafte Diskussion. Mittendrin hörten wir plötzlich die Wasserspülung … also was soll ich Ihnen viel erzählen: Schragele hatte uns eingesperrt, und erst als nach stundenlangem Telefonieren ein Schlosser kam, konnten wir wieder hinaus. Der Psychiater erlitt einen Nervenzusammenbruch und musste einen Psychiater aufsuchen.«

In diesem Augenblick erklang abermals das ominöse Geräusch. Unsere Nachforschungen ergaben, dass der Schlüssel zum Hauseingang fehlte.

»Wie tief ist es bis in den Garten?«, erkundigten sich die Lustigs.

»Höchstens anderthalb Meter«, antwortete ich.

Die Lustigs verließen uns durch das Fenster und versprachen, einen Schlosser zu schicken.

Nachdenklich ging ich auf mein Zimmer. Nach einer Weile stand ich plötzlich auf, versperrte die Tür von außen, nahm den Schlüssel und spülte ihn die Klosettmuschel hinab.

Die Sache hat etwas für sich. Macht Spaß.

Die Kraftprobe

Wenn Sie dieser Tage zufällig durch unsere Gegend kommen und auf der Straße zwei oder mehrere in hitzigem Gespräch begriffene Menschen sehen, können Sie jeden Betrag darauf wetten, dass über das derzeit wichtigste Thema gesprochen wird, nämlich: »Geht Amir Kishon in den Kindergarten oder nicht?«

Die Quote steht 3 : 1 für »nicht«.

Wir bekommen im Durchschnitt zehn Anrufe täglich, alle mit der Frage: »Bleibt er zu Hause?«

Amir bleibt.

Das war nicht immer so. Als wir ihn zum ersten Mal in den Kindergarten brachten, schien er sich dort ungemein wohl zu fühlen, fand sofort Anschluss an die anderen Rangen, tollte fröhlich mit ihnen umher, baute Plastikburgen und tanzte zu den Weisen einer Ziehharmonika. Aber schon am nächsten Morgen besann er sich auf sich selbst.

»Ich will nicht in den Kindergarten gehen«, plärrte er. »Bitte nicht! Papi, Mami, bitte keinen Kindergarten! Nein, nein, nein!«

Wir fragten ihn nach den Gründen des plötzlichen Umschwungs – gestern hätte es ihm doch so gut gefallen, warum wollte er plötzlich nicht mehr, was ist denn los? Amir ließ sich auf keine Diskussion ein. Er wollte ganz einfach nicht, er weigerte sich, er war bereit, überall hinzugehen, nur nicht in den Kindergarten. Und da er in der Kunst des Heulens meisterhaft ausgebildet ist, setzte er auch diesmal seinen Willen durch.

Das Ehepaar Selig bemängelte unverhohlen unsere Schwäche, und als wir Amir – der ja schließlich uns gehörte und nicht den Seligs – in Schutz zu nehmen versuchten, bekamen wir's mit Erna Selig zu tun.

»Lauter Unfug«, keifte sie. »Man darf einem kleinen Kind nicht immer nachgeben. Man muss es vor vollendete Tatsachen stellen. Nehmen Sie den Buben bei der Hand, liefern Sie ihn im Kindergarten ab und fertig.«

Wir kamen nicht umhin, den Mut dieser energischen Person zu bewundern. Endlich ein Mensch, der sich von Kindern nichts vorschreiben lässt! Wirklich schade, dass Erna Selig keine Kinder hat.

Mit ihrer Hilfe zerrten wir Amir in den Wagen und unternahmen eine Spazierfahrt, die zufällig vor dem Eingang des Kindergartens endete. Amir begann sofort und im höchsten Diskant zu heulen, aber das kümmerte uns nicht. Wir fuhren ab. Der Fratz soll nur ruhig heulen. Das kräftigt die Stimmbänder.

Nach einer Weile, vielleicht eine volle Minute später, wurden wir trotzdem nachdenklich. In unseren Herzen stieg die bange Frage auf, ob er denn wohl noch immer weinte.

Wir fuhren zum Kindergarten zurück. Amir hing innen am Gitter, die kleinen Händchen ins Drahtgeflecht verklammert, den kleinen Körper von konvulsivischem Schluchzen geschüttelt, aus dem die Rufe »Mami« und »Papi« klar hervordrangen.

Die Politik der Stärke hatte kläglich versagt. Gewalt erzeugt Gewalt, das ist eine altbekannte Tatsache. Eine Stunde später wusste man in der ganzen Nachbarschaft, dass Amir zu Hause war und nicht im Kindergarten.

Und dann, wie immer im Leben, trat eine Wende ein. Wir verbrachten den Abend bei den Birnbaums, zwei netten Leuten gesetzten Alters, keine außergewöhnlichen Erscheinungen, aber sehr sympathisch. Im Lauf der Unterhaltung kamen wir auch auf Amir und das Kindgartenproblem zu sprechen und schlossen unsern Bericht mit den Worten: »Kurz und gut – er will nicht.«

»Natürlich nicht«, sagte Frau Birnbaum, eine sehr kultivierte, feingebildete Dame. »Sie dürfen ihm Ihren Willen nicht aufnötigen, als wäre er ein dressierter Delphin. So kommt man kleinen Kindern nicht bei. Auch unser Gabi wollte anfangs nicht in den Kindergarten gehen, aber es wäre uns nie eingefallen, ihn zu zwingen. Hätten wir das getan, dann wäre aus seiner Abneigung gegen den Kindergarten späterhin eine Abneigung gegen die Schule geworden und schließlich gegen das Lernen überhaupt. Man muss Geduld haben. Zugegeben, das hat gewisse Schwierigkeiten im Haushalt zur Folge, es kostet auch Zeit und Nerven, aber die seelische Ausgeglichenheit eines Kindes ist jede Mühe wert.«

Meine Frau und ich wurden gelb vor Neid.

»Und hat Ihr System Erfolg?«

»Das will ich meinen! Wir fragen Gabi von Zeit zu

Zeit ganz beiläufig: ›Gabi, wie wär's morgen mit dem Kindergarten?‹ Und das ist alles. Wenn er nein sagt, dann bleibt's eben beim Nein. Früher oder später wird er schon einsehen, dass man nur sein Bestes will.«

In diesem Augenblick steckte Gabi den Kopf durch die Tür. »Papi, bring mich ins Bett.«

»Komm doch erst einmal her, Gabi«, forderte ihn mit freundlichem Lächeln Herr Birnbaum auf. »Und gib unseren Freunden die Hand. Auch sie haben einen kleinen Sohn. Er heißt Amir.«

»Ja«, sagte Gabi. »Bring mich ins Bett.«

»Gleich.«

»Sofort.«

»Erst sei ein lieber Junge und begrüße unsere Gäste.«

Gabi reichte mir flüchtig die Hand. Er war ein hübscher Kerl, hochgewachsen und wohlgebaut, von frappanter Ähnlichkeit mit Rock Hudson, allerdings etwas älter.

»Jetzt müssen Sie uns entschuldigen«, sagte Vater Birnbaum und verließ mit seinem Sohn das Zimmer.

»Gabi!«, rief Frau Birnbaum hinterher. »Möchtest du morgen nicht in den Kindergarten gehen?«

»Nein.«

»Ganz wie du willst, Liebling. Gute Nacht.«

Wir blieben mit der Mutter allein.

»Es stört mich nicht im Geringsten, dass er nicht in den Kindergarten gehen will«, sagte sie. »Er ist ohnehin schon zu alt dafür. Nächstes Jahr wird er zum Militärdienst einberufen. Was soll er da noch unter den Kleinchen?«

Ein wenig betreten verließen wir das Birnbaum'sche Haus. Bei allem Respekt vor den erzieherischen Methoden unserer Gastgeber schien uns das Resultat denn doch ein wenig anfechtbar.

Ich wurde nachdenklich. Immer dieser dumme Kindergarten. Was der nur für Komplikationen verursacht! Als wäre das Leben nicht schon schwer genug. Wo steht denn eigentlich geschrieben, dass es Kindergärten geben muss? Bin ich als kleines Kind vielleicht in den Kindergarten gegangen?

Jawohl. Also?

Wir mussten den Alpdruck endlich loswerden. Am nächsten Tag suchten wir unsern Hausarzt auf, um uns mit ihm zu beraten.

Er teilte unsere Bedenken und fügte abschließend hinzu: »Außerdem ist es gar nicht ungefährlich, den Kleinen jetzt in den Kindergarten zu schicken. Wir haben den Erreger dieser neuen Sommerkrankheit noch nicht entdeckt – und es besteht größte Infektionsgefahr. Besonders wenn viele Kinder beisammen sind.«

Das war die Entscheidung. Das war die Erlösung. Zu Hause angelangt, machten wir Amir sofort mit der neuen Sachlage vertraut.

»Du hast Glück, Amirlein. Der Onkel Doktor erlaubt nicht, dass du in den Kindergarten gehst, weil du dir dort alle möglichen Krankheiten holen könntest. Die Bazillen schwirren nur so in der Luft herum. Das wär's. Den Kindergarten sind wir los.«

Seither gibt es mit Amir keine Schwierigkeiten mehr. Er sitzt den ganzen Tag im Kindergarten und wartet auf die Bazillen. Und er würde um keinen Preis auch nur eine Minute früher nach Hause gehen, als er muss.

Wenn unsere Nachbarn uns fragen, wie wir das zustande gebracht haben, antworten wir mit undurchdringlichem Lächeln: »Durch medizinische Methoden.«

Das Fernsehen als moralische Anstalt

»Wunder dauern höchstens eine Woche«, heißt es im Buche Genesis. Wie wahr!

Nehmen wir zum Beispiel das Fernsehen: Während der ersten Wochen waren wir völlig in seinem Bann und saßen allnächtlich vor dem neu erworbenen Gerät, bis die letzte Versuchsstation im hintersten Winkel des Vorderen Orients ihr letztes Versuchsprogramm abgeschlossen hatte. So halten wir's noch immer – aber von »gebannt« kann keine Rede mehr sein. Eigentlich benutzen wir den Apparat nur deshalb, weil unser Haus auf einem freiliegenden Hügel steht. Denn das bedeutet guten Empfang von allen Seiten.

Dieser Spielart des technischen Fortschritts ist auch Amir zum Opfer gefallen. Es drückt uns das Herz ab, ihn zu beobachten, wie er fasziniert auf die Mattscheibe starrt, selbst wenn dort eine Stunde lang nichts andres geboten wird als das Standbild »Pause« oder »Israelische Television«. Etwaigen Hinweisen auf sein sinnloses Verhalten begegnet er mit einer ärgerlichen Handbewegung und einem scharfen »Psst!«.

Nun ist es für ein kleines Kind nicht eben bekömmlich, Tag für Tag bis Mitternacht vor dem Fernsehkasten zu hocken und am nächsten Morgen auf allen vieren in den Kindergarten zu kriechen. Und die Sorgen, die er uns damit verursachte, sind noch ganz gewaltig angewachsen, seit der Sender Zypern seine lehrreiche Serie »Die Abenteuer des Engels« gestartet hat und unsern Sohn mit schöner Regelmäßigkeit darüber unterrichtet, wie man den perfekten Mord begeht. Amirs Zimmer muss seither hell erleuchtet sein, weil er sonst vor Angst nicht einschlafen kann. Andererseits kann er auch bei heller Beleuchtung nicht einschlafen, aber er schließt wenigstens die Augen – nur um sie sofort wieder aufzureißen, weil er Angst hat, dass gerade jetzt der perfekte Mörder erscheinen könnte.

»Genug!«, entschied eines Abends mit ungewöhnlicher Energie die beste Ehefrau von allen. »Es ist acht Uhr. Marsch ins Bett mit dir!«

Der als Befehl getarnte Wunsch des Mutterherzens ging nicht in Erfüllung. Amir, ein Meister der Verzögerungstaktik, erfand eine neue Kombination von störrischem Schweigen und monströsem Gebrüll.

»Will nicht ins Bett!«, röhrte er. »Will fernsehen. Will Fernsehen sehen!«

Seine Mutter versuchte ihn zu überzeugen, dass es dafür schon zu spät sei. Umsonst.

»Und du? Und Papi? Für euch ist es nicht zu spät?«

»Wir sind Erwachsene.«

»Dann geht arbeiten!«

»Geh du zuerst schlafen!«

»Ich geh schlafen, wenn ihr auch schlafen geht.«

Mir schien der Augenblick gekommen, die väterliche Autorität ins Gespräch einzuschalten.

»Vielleicht hast du recht, mein Sohn. Wir werden jetzt alle schlafen gehen.«

Ich stellte den Apparat ab und veranstaltete gemeinsam mit meiner Frau ein demonstratives Gähnen und Räkeln. Dann begaben wir uns selbdritt in unsere Betten. Natürlich hatten wir nicht vergessen, dass Kairo um 20.15 Uhr ein französisches Lustspiel ausstrahlte. Wir schlichen auf Zehenspitzen ins Fernsehzimmer zurück und stellten den Apparat vorsichtig wieder an.

Wenige Sekunden später warf Amir seinen Schatten auf den Bildschirm.

»Pfui!«, kreischte er in nicht ganz unberechtigtem Zorn. »Ihr habt ja gelogen!«

»Papi lügt nie«, belehrte ihn seine Mutter. »Wir wollten nur nachschauen, ob die Ampexlampe nach links gebündelt ist oder nicht. Und jetzt gehen wir schlafen. Gute Nacht.«

So geschah es. Wir schliefen sofort ein.

»Ephraim«, flüsterte nach wenigen Minuten meine Frau aus dem Schlaf, »ich glaube, wir können hinübergehen …«

»Still«, flüsterte ich ebenso schlaftrunken. »Er kommt.« Aus halb geöffneten Augen hatte ich im Dunkeln die Gestalt unseres Sohnes erspäht, der sich – offenbar zu Kontrollzwecken – an unser Zimmer herantastete.

Er nahm mein vorbildlich einsetzendes Schnarchen mit Befriedigung zur Kenntnis und legte sich wieder ins Bettchen, um sich vor dem perfekten Mörder zu fürchten. Zur Sicherheit ließen wir noch ein paar Minuten verstreichen, ehe wir uns abermals auf den Schleichweg zum Fernsehschirm machten.

»Stell den Ton ab«, flüsterte meine Frau.

Das war ein vortrefflicher Rat. Beim Fernsehen, und daher der Name, kommt es ja darauf an, was man sieht, nicht darauf, was man hört. Und wenn's ein Theaterstück ist, kann man den Text mit ein wenig Mühe von den Lippen der Agierenden ablesen. Allerdings muss dann das Bild so scharf wie möglich herauskommen. Zu diesem Zweck drehte meine Frau den entsprechenden Knopf, genauer, den Knopf, von dem sie glaubte, dass es der entsprechende wäre. Er war es nicht. Wir erkannten das daran, dass im nächsten Augenblick der Ton mit erschreckender Vollkraft losbrach.

Und schon kam Amir herbeigestürzt.

»Lügner! Gemeine Lügner! Schlangen! Schlangenlügner!« Und sein Heulen übertönte den Sender Kairo.

Da unsere Befehlsgewalt für den heutigen Abend rettungslos untergraben war, blieb Amir nicht nur für die ganze Dauer des dreiaktigen Lustspiels bei uns sitzen, sondern genoss auch noch, leise schluchzend, die Darbietungen zweier Bauchtänzerinnen aus Amman.

Am nächsten Tag schlief er im Kindergarten während der Gesangstunde ein. Die Kindergärtnerin empfahl uns telefonisch, ihn sofort in ein Krankenhaus zu bringen, denn er sei möglicherweise von einer Tsetsefliege gebissen worden. Wir begnügten uns jedoch damit, ihn nach Hause zu holen.

»Jetzt gibt's nur noch eins«, seufzte unterwegs meine Frau.

»Nämlich?«

»Den Apparat verkaufen.«

»Verkauft ihn doch, verkauft ihn doch!«, meckerte Amir.

Wir verkauften ihn natürlich nicht. Wir stellten ihn nur pünktlich um 20 Uhr abends ab, erledigten die vorschriftsmäßige Prozedur des Zähneputzens und fielen vorschriftsmäßig ins Bett. Unter meinem Kopfkissen lag der auf 21.30 Uhr eingestellte Wecker.

Es klappte. Amir konnte auf seinen zwei Kontrollbesuchen nichts Verdächtiges entdecken, und als der Wecker um 21.30 Uhr sein gedämpftes Klingeln hören ließ, zogen wir leise und behutsam die vorgesehenen Konsequenzen. Der dumpfe Knall, der unsere Behutsamkeit zuschanden machte, rührte daher, dass meine Frau mit dem Kopf an die Tür gestoßen war. Ich half ihr auf die Beine.

»Was ist los?«

»Er hat uns eingesperrt.«

Ein begabtes Kind, das muss man schon sagen – wenn auch auf andrer Linie begabt als Frank Sinatra, dessen neuester Film vor fünf Minuten in Zypern angelaufen war.

»Warte hier, Liebling. Ich versuch's von außen.«

Durchs offene Fenster sprang ich in den Garten, erkletterte katzenartig den Balkon im ersten Stock, zwängte meine Hand durch das Drahtgitter, öffnete die Tür, stolperte ins Parterre hinunter und befreite meine Frau. Nach knappen zwanzig Minuten saßen wir vor dem Bildschirm. Ohne Ton, aber glücklich.

In Amirs Region herrschte vollkommene, fast schon verdächtige Ruhe.

Auf der Mattscheibe sang Frank Sinatra ein lautloses Lied mit griechischen Untertiteln.

Und plötzlich …

»Achtung, Ephraim!«, konnte meine Frau mir gerade noch zuwispern, während sie das Fernsehgerät ins Dunkel tauchen ließ und mit einem Satz hinter die Couch sprang. Ich meinerseits kroch unter den Tisch, von wo ich Amir, mit einem langen Stock bewehrt, durch den Korridor tappen sah. Vor unserem Schlafzimmer blieb er stehen und guckte, schnüffelnd wie ein Bluthund, durchs Schlüsselloch.

»Hallo!«, rief er. »Ihr dort drinnen! Hallo! Schlaft ihr?«

Als keine Antwort kam, machte er kehrt, und zwar in Richtung Fernsehzimmer. Das war das Ende. Ich knipste das Licht an und empfing ihn mit lautem Lachen: »Hahaha!«, lachte ich und abermals: »Hahaha! Jetzt bist einmal du hereingefallen, Amir, mein Sohn, was?«

Die Details sind unwichtig. Seine Fausthiebe taten mir nicht weh, die Kratzer schon etwas mehr. Richtig unangenehm war, dass man in den Nachbarhäusern alles hörte. Dann holte Amir sein Bettzeug aus dem Kinderzimmer und baute es vor dem Fernsehapparat auf.

Irgendwie konnten wir ihn verstehen. Wir hatten ihn tief enttäuscht, wir hatten den Glauben an seine Eltern erschüttert, wir waren die eigentlich Schuldigen. Er nennt uns seither nur »Lügenpapi« und

»Schlangenmami« und zeltet vor dem Bildschirm, bis der Morgen dämmert. In den ersten Nächten sah ich noch ein paarmal nach, ob er ohne uns fernsieht, aber er schlief den Schlaf des halbwegs Gerechten. Wir ließen es dabei. Wir machten erst gar keinen Versuch, ihn zur Übersiedlung in sein Bett zu bewegen. Warum auch? Was tat er denn Übles? Fliegenfangen oder Katzenquälen wäre besser? Wenn er fernsehen will, soll er fernsehen. Morgen verkaufen wir den verdammten Kasten sowieso. Und kaufen einen neuen.

Josepha, die Freie

Seit unserer Übersiedlung in den südlichen Teil der Stadt, in dem sich auch die Universität befindet, sind wir zu Anhängern der akademischen Babysitter geworden. Wir holen uns vom nahe gelegenen Campus eine nette kleine Studentin, vorzugsweise philosophischer oder archäologischer Observanz, und übergeben ihr unsere Nachkommenschaft. Die Kinder gewöhnen sich rasch an die neue Aufsichtsperson, und alles ist in bester Ordnung – so lange, bis eines Tages Sand in die Maschine gerät. Die junge Dame hat plötzlich alle Abende besetzt, oder sie muss sich für Prüfungen vorbereiten, oder sie ist nur noch am Mittwoch frei, und gerade am Mittwoch hat auch Gideon seinen freien Abend, und wenn wir aus dem Theater nach Hause kommen, finden wir sie beide auf der Couch, mit vom Studium geröteten Gesichtern, und die Kissen sind zerdrückt, und Gideon fährt sich mit dem Kamm durchs wulstige Haar, und die beste Ehefrau von allen wendet sich an mich mit den Worten: »Also bitte. Da hat sich diese kleine Schlampe doch richtig einen Kerl mitgebracht.«

Damit endet in der Regel die meteorhafte Karriere der betreffenden Babysitterin, und die nächste tritt ein.

Diesmal war es Josepha. Sie machte anfangs den denkbar besten Eindruck auf uns: So bescheiden war sie, so klein und zart, so brillentragend. Man hätte sie höchstens für 13 oder 14 gehalten, aber wie sich zeigte, hatte sie auf ihren spindeldürren Beinen bereits die 20 überschritten. Josepha war schmucklos gekleidet, um nicht zu sagen geschmacklos, sie sprach nicht eigentlich, sondern hüstelte immer sehr schnell ein paar Worte hervor, mit gesenkter Stimme und ebensolchen Augen. Zahlreiche Pickel zierten ihre bleiche Haut, ja sie selbst wirkte im Ganzen wie ein Pickel. Sie war, mit einem Wort, der Idealfall einer Babysitterin auf lange Sicht.

Und so entwickelte sich's mit Josepha in der Tat. Sie kam auf die Minute pünktlich, hüstelte ein leises »Schalom« und ließ sich im Kinderzimmer nieder, wo sie sofort anfing, den Inhalt eines ihrer Hefte in ein anderes Heft zu übertragen. Sie las nicht, sie schrieb nicht, sie übertrug nur. Das ging uns zwar ein wenig auf die Nerven, aber wir nahmen es hin. Überdies war unsere Josepha, im liebenswerten Unterschied zu ihren sämtlichen Vorgängerinnen, zu jeder Zeit und jeder Stunde abkömmlich. Wann immer wir sie anriefen, war am anderen Ende des Drahtes ihr bescheidenes Hüsteln zu hören:

»Ja, ich bin frei.«

»Können Sie heute etwas früher kommen?«

»Gewiss.«

»Und etwas länger bleiben?«

»Gerne.«

Und sie kam früher, um früher mit ihren Übertragungen zu beginnen, still, fragil, die Augen gesenkt.

Dabei blieb es auch, wenn ich sie manchmal in später Nacht mit meinem Wagen nach Hause brachte. Einmal wollte ich von ihr wissen, was es auf der Universität Neues gäbe.

»Danke«, hüstelte sie. Und damit endete das verheißungsvolle Gespräch. In jeder anderen Hinsicht, ich sagte es schon, war sie der Inbegriff einer Babysitterin: zuverlässig, ruhig, immer frei, immer Josepha.

Wir respektierten sie sehr, und auch die Kinder schienen sich an die klösterliche Stille, die sie um sich verbreitete, gewöhnt zu haben. Unsere gelegentlichen Einladungen zum Abendessen schlug sie mit bescheidenem, nahezu ängstlichem Kopfschütteln aus. Aß sie jemals? Hatte sie überhaupt die normalen Bedürfnisse eines normalen Menschen? Meine Frau bezweifelte es.

»Das arme Kind«, murmelte sie. »Ich finde es einfach unnatürlich, dass ein junges Mädchen in diesem Alter immer frei ist.«

Die beunruhigenden Symptome häuften sich. Ob Vormittag oder Abend oder halb drei am Nachmittag – Josepha ist stets bereit zum Babysitten und Heftübertragen. Einmal riefen wir kurz vor Mitternacht bei ihr an, als selbst die Grillen schon schliefen.

»Sind Sie frei?«

»Ja.«

»Können Sie jetzt gleich herüberkommen?«

»Ja.«

Meine Frau legte den Hörer auf, ihre Augen waren feucht.

»Es ist tragisch. Niemand kümmert sich um sie. Sie hat keinen Menschen auf der ganzen weiten Welt …«

Aber nach einiger Zeit begann sogar meine Frau, wen könnte es wundern, ein wenig abzustumpfen. Ihr Mitgefühl wich einer nüchternen, von Kritik nicht mehr ganz freien Einstellung.

»Etwas stimmt nicht mit dieser Person«, murrte sie. »Die muss irgendwelche Hemmungen haben. Und wer weiß, woher …«

Das wirkte sich in weiterer Folge auch auf ihr eigenes Seelenleben aus. Es konnte geschehen, dass sie nach einem erfolgreichen Anruf bei Josepha den Hörer hinschmiss und wütend ausrief: »Sie ist schon wieder frei! Schon wieder!!«

In einer sturmgepeitschten Nacht, gegen drei Uhr, schlüpfte die beste Ehefrau von allen aus dem Bett und tastete sich zum Telefon.

»Sind Sie frei, Josepha?«

»Ja.«

»Jetzt?«

»Sofort.«

»Danke, es ist nicht nötig.«

Um es rundheraus zu sagen: Meine Frau begann Josepha zu hassen. Sie war überzeugt, ein seelisch und geistig defektes Geschöpf vor sich zu haben. Vermutlich gingen diese Defekte auf Josephas frühe Kindheit zurück, als sie mit zwölf Jahren in der Schule saß und aussah wie sieben.

»Hier mein Lieblingsschüler«, sagte der Lehrer zum Inspektor, der das Klassenzimmer betrat. »Tirsa, die Kluge ... Miriam, die Schöne ... Josepha, die Freie ...«

Sogar am Unabhängigkeitstag war sie frei. Sogar den Unabhängigkeitstag verbrachte sie mit Babysitten und Heftübertragen, bis in die späten Abendstunden.

»Jetzt wird's mir wirklich zu blöd.« Die beste Ehefrau von allen schluchzte beinahe vor Zorn. »Wieso hat diese verdammte Person keinen Freund, keinen Verehrer, keinen Liebhaber? Warum zieht sie sich so entsetzlich schlecht an? Warum wird sie ihre Pickel nicht los? Was bildet sie sich eigentlich ein?« Nicht einmal Josephas Kurzsichtigkeit wollte sie ihr glauben. Wahrscheinlich diente die Brille nur dem Zweck, etwaige Interessenten abzuschrecken.

Da im Befinden meiner Frau keine Besserung eintrat, konsultierte ich unseren Arzt. Auf seinen Rat lud ich den ziemlich erwachsenen Sohn eines benachbarten Ehepaars ein, uns am nächsten Abend zu besuchen.

Josepha saß da und übertrug. Der Anblick des jungen Mannes lähmte sie völlig. Als er ihr die Hand hinhielt, brachte sie mit kaum hörbarer Stimme nur ein einziges Wort hervor: »Josepha.«

Das war alles.

Die große Wende kam in Gestalt des älteren Bruders unseres erfolgreichen Erstlingsbesuchs. Er hieß Naftali, verfügte über breite Schultern und wild behaarte Beine sowie über keinerlei Respekt vor dem weiblichen Geschlecht, setzte sich dicht neben Josepha und sah ihr beim Übertragen so lange zu, bis sie damit aufhörte und sich aufs Babysitten beschränkte. Zum Schluss wechselten sie sogar ein paar Worte miteinander, und der Händedruck beim Abschied erstreckte sich über mehrere Sekunden.

»Vielleicht«, raunte mir meine vielerfahrene Ehefrau zu, »vielleicht ist das der Anfang.«

Wenige Tage später geschah es. Meine Frau fragte telefonisch bei Josepha an, ob sie frei wäre, und die Antwort lautete: »Nein.«

»Was, nein?«

»Ich habe zu tun.«

Ein Lächeln überirdischen Triumphs glitt nach Beendigung ihres Telefonats über das Antlitz meiner Frau. Ich schloss mich an. Wir beteten gemeinsam.

Von diesem Tag an besserte sich die Lage sprunghaft. Beim nächsten Anruf war es kein Hüsteln mehr, sondern eine kräftige, wenn auch noch etwas brüchige Stimme, mit der Josepha in den Hörer rief: »Nein, leider, heute nicht. Ich bin vergeben.« (Sie sagte »vergeben« wie ein erwachsenes Mädchen.)

»Und morgen?«

»Morgen ging es höchstens bis neun Uhr.«

Wir barsten vor Stolz. Wir hatten dem armen Ding das Leben aufgeschlossen, wir hatten die Seele einer jüdischen Jungfrau gerettet, zumindest die Seele. Glücklich und zufrieden saßen wir zu Hause, und wenn etwas unsere Zufriedenheit störte, dann war es die Tatsache, dass wir zu Hause saßen, weil wir nicht weggehen konnten. Und wir konnten nicht weggehen, weil Josepha nicht frei war. Deshalb mussten wir zu

Hause sitzen. Wenn man's näher bedenkt, war das gar nicht schön von ihr. Es war geradezu niederträchtig. Ein wenig Dankbarkeit hätte man schließlich erwarten dürfen von dieser Person, die noch immer jämmerlich dahinvegetieren würde, wenn wir sie nicht aus ihrer trostlosen Existenz herausgeholt hätten. Aber nein, sie muss sich mit Männern herumtreiben.

Dem war tatsächlich so. Aus glaubwürdigen Berichten, die uns zugespielt wurden, ergab sich eindeutig, dass man Josepha und Naftali auf nächtlichen Spaziergängen beobachtet hatte.

»Eine Schlampe«, stellte die beste Ehefrau von allen mit resigniertem Nicken fest. »Wie ich schon sagte, eine ganz gewöhnliche Schlampe. Wenn irgendein Kerl pfeift, kommt sie gelaufen …«

Natürlich hätten wir die kleine Nymphomanin längst hinausgeworfen, aber das wäre auf den Widerstand unserer Kinder gestoßen, die sich in Josephas Obhut außerordentlich wohl fühlten. So blieb uns nichts übrig, als uns mit Josephas rücksichtslosem: »Leider, heute bin ich nicht frei« zähneknirschend abzufinden.

Eines Nachts, als wir aus dem Kino nach Hause gingen, begegneten wir einem jungen Paar. Mitten in der Nacht, mitten auf der Straße.

»Guten Abend«, sagte Josepha.

Da konnte aber die beste Ehefrau von allen nicht länger an sich halten.

»Ich dachte, Sie müssten sich für Ihre Prüfungen vorbereiten, meine Liebe?«

»Das tut sie ja auch.« Naftali warf sich zu ihrer Verteidigung auf. »Sie war heute als Babysitterin bei uns und hat die ganze Zeit studiert. Ich bringe sie gerade nach Hause.«

Damit verschwanden die beiden im nächtlichen Dunkel, Naftali mit seinen haarigen Beinen und Josepha mit den fingierten Pickeln.

Von jetzt an, das habe ich mir an Ort und Stelle geschworen, von jetzt an kommen mir keine solchen Geschöpfe mehr ins Haus. Bei uns werden nur noch schlanke, attraktive Blondinen ohne Komplexe zum Babysitten zugelassen.

Papi als Schwimmlehrer

Mein Sohn Amir steht am Rand des Schwimmbeckens und heult.

»Komm ins Wasser!«, rufe ich.

»Ich hab Angst!«, ruft er zurück.

Seit einer Stunde versuche ich, den kleinen Rotschopf ins Wasser zu locken, damit ihn Papi im Schwimmen unterweisen kann. Aber er hat Angst. Er heult vor lauter Angst. Auch wenn sein Heulen noch nicht die höchste Lautstärke erreicht hat – bald wird es so weit sein, ich kenne ihn.

Ich kenne ihn und bin ihm nicht böse. Nur allzu gut erinnere ich mich, wie mein eigener Papi versucht hat, mir das Schwimmen beizubringen, und wie ich heulend vor Angst am Rand des Schwimmbeckens stand. Mein Papi ist damals recht unsanft mit mir umgegangen.

Seither haben sich die Methoden der Kindererziehung grundlegend geändert und verfeinert. Nichts liegt mir ferner, als meinem Sohn etwas aufzuzwingen, wozu er keine Lust hat. Er soll den entscheidenden Schritt aus eigenem Antrieb tun. Wie ein junger Adler, der zum ersten Mal den elterlichen Horst verlässt und in majestätischem Flug durch die Lüfte zu schweben beginnt. Es braucht nur einen kleinen Stoß, den Rest besorgt dann schon die Natur. Verständnis für die kindliche Seele, darauf kommt es an. Verständnis, Güte und Liebe, sehr viel Liebe.

»Komm her, mein Kleiner«, flöte ich. »Komm her und sieh selbst. Das Wasser reicht dir kaum bis zum Nabel, und Papi wird dich festhalten. Es kann dir nichts geschehen.«

»Ich hab Angst.«

»Alle anderen Kinder sind im Wasser und spielen und schwimmen und lachen. Nur du stehst draußen und weinst. Warum weinst du?«

»Weil ich Angst hab.«

»Bist du denn schwächer oder dümmer als die anderen Kinder?«

»Ja.«

Dass er das so freimütig zugibt, spricht einerseits für seinen Charakter, andererseits nicht. Vor meinem geistigen Auge erscheint ein Schiff auf hoher See, das im Begriffe ist, zu sinken. Die Passagiere haben sich auf Deck versammelt und warten ruhig und diszipliniert auf die Anweisungen des Kapitäns. Nur ein untersetzter, rothaariger Mann boxt sich durch die Reihen der Kinder und Frauen, um als Erster ins Rettungsboot zu gelangen. Es ist Amir Kishon, der sich geweigert hat, von seinem Papi das Schwimmen zu erlernen.

»Wovor hast du Angst, Amirlein?«

»Vor dem Ertrinken.«

»Wie kann man in diesem seichten Wasser ertrinken?«

»Wenn man Angst hat, kann man.«

»Nein, nicht einmal dann.«

Ich versuche, von Psychologie auf Intellekt umzuschalten. »Der menschliche Körper hat ein spezifisches Gewicht, weißt du, und schwimmt auf dem Wasser. Ich zeig's dir.«

Papi legt sich auf den Rücken und bleibt gemächlich liegen. Das Wasser trägt ihn.

Mitten in dieses lehrreiche und überzeugende Experiment springt irgendein Idiot dicht neben mir ins Wasser. Die aufspritzenden Wellen überschwemmen mich, ich schlucke Wasser, mein spezifisches Gewicht zieht mich abwärts, und mein Sohn heult jetzt bereits im dritten Gang.

Nachdem ich nicht ohne Mühe wieder hochgekommen bin, wende ich mich an den Badewärter, der den Vorgang gleichmütig beobachtet hat.

»Bademeister, bitte sagen Sie meinem kleinen Jungen, ob hier im Kinderschwimmbecken jemand ertrinken kann.«

»Selbstverständlich«, antwortet der Bademeister. »Und wie!«

So sieht die Unterstützung aus, die man von unserer Regierung bekommt. Ich bin wieder einmal ganz auf mich selbst angewiesen.

Jeder andere Vater hätte jetzt seinen Sohn mit Gewalt ins Wasser gezerrt. Nicht so ich. Ich liebe meinen Sohn trotz aller seiner Fehler und Defekte, trotz des mörderischen Geheuls, das er jetzt aufs Neue anstimmt, ich liebe ihn jetzt sogar mehr als je zuvor, weil er so zittert, weil er solche Angst hat, weil er so hilflos dasteht, so armselig, so dumm, so vertrottelt.

»Ich mach dir einen Vorschlag, Amir. Du gehst ins Wasser, ohne dass ich dich anrühre. Du gehst so lange, bis dir das Wasser an die Knie reicht. Wenn du willst, gehst du weiter. Wenn du nicht weitergehen willst, bleibst du stehen. Wenn du nicht stehen bleiben willst, steigst du aus dem Wasser. Gut?«

Amir nickt, heult und macht ein paar zögernde Schritte ins Wasser hinein. Noch ehe es ihm bis an die Knie reicht, dreht er sich um und steigt aus dem Wasser, um sein Geheul an Land wieder aufzunehmen. Dort heult sich's ja auch leichter.

»Mami!«, heult er. »Mami!«

Das macht er immer. Wenn er sich meinen erzieherischen Maßnahmen widersetzen will, heult er nach Mami. Gleichgültig, ob sie ihn hören kann oder nicht.

Ich zwinge mich zu souveräner Gelassenheit und väterlicher Autorität.

»Wenn du nicht sofort ins Wasser kommst, Amir, gibt's heute kein Fernsehen.«

Sollte ich meine väterliche Autorität überzogen haben? War ich zu streng mit dem Kleinen? Er heult und rührt sich nicht. Er rührt sich nicht und heult. Ich mache einen weiteren, diesmal praktischen Versuch.

»Es ist doch ganz einfach, Amir. Du streckst die Arme aus und zählst. Eins-zwei-drei. Schau, ich zeig's dir. Eins-zwei-dr…«

Es ist klar, dass man nicht gleichzeitig schwimmen und zählen kann. Niemand hat mich das gelehrt. Außerdem bin ich kein Schwimmer, sondern ein Schriftsteller. Ich kann ja auch nicht gleichzeitig schwimmen und schreiben. Kein Mensch kann das.

Mittlerweile hat sich Amir in den höchsten Diskant

gesteigert und röhrt drauflos, umringt von einer schau-
lustigen Menge, die mit Fingern auf seinen Vater weist.
Ich springe aus dem Wasser und verfolge ihn rund um
das Schwimmbecken. Endlich erwische ich ihn und
zerre ihn ins Wasser. Dem Balg werde ich noch beibringen, wie man freiwillig schwimmen lernt!

»Mami!«, brüllt er. »Mami, ich hab Angst!«

Das alles kommt mir irgendwie bekannt vor. Der
Franzose spricht in solchen Fällen von »déjà vu«. Hat
mich nicht auch mein eigener Vater ins Wasser gezerrt?
Hab nicht auch ich verzweifelt nach meiner Mami gerufen? So ist das Leben. Alles wiederholt sich. Der Zusammenstoß der Generationen lässt sich nicht vermeiden. Die Väter essen saure Trauben und die Söhne
heulen.

»Will nicht ins Wasser!«, heult mein Sohn. »Will
Mami!«

Ich halte ihn auf beiden Armen, etwa einen halben
Meter über dem Wasserspiegel, und schenke seiner
Behauptung, dass er ertrinkt, keinen Glauben. »Eins-
zwei-drei«, kommandiere ich. »Schwimm!«

Er folgt meinen Anweisungen, wenn auch heulend.
Ein Anfang ist gemacht. Aber da ich ihn nicht das Flie-
gen lehren will, sondern das Schwimmen, muss ich ihn
wohl oder übel mit dem Wasser in Berührung bringen.
Vorsichtig senke ich meine Arme abwärts. Amir beginnt zu strampeln und schlägt wild um sich. Von
Schwimmbewegungen keine Spur.

»Schwimm!«, höre ich mich brüllen. »Eins-zwei-
drei!«

Jetzt hat er mich gebissen. Er beißt die Hand, die ihn nährt. Er beißt den eigenen Vater, der für ihn sorgt und ihm nichts als Liebe entgegenbringt.

Zum Glück bin ich noch immer stärker als er. Ich zwänge seine Hüften in die eiserne Umklammerung meiner athletischen Schenkel, so dass sein Oberkörper auf der Wasserfläche liegt, und vollführe mit seinen Armen die vorgeschriebene Eins-zwei-drei-Bewegung. Eines Tages wird er's mir danken. Eines Tages wird er wissen, dass er ohne meine Fürsorge und meine engelsgleiche Geduld niemals die Wasser beherrscht hätte. Eines Tages wird er mich dafür lieben.

Vorläufig tut er nichts dergleichen. Im Gegenteil, er schlägt seine verhältnismäßig freien Fersen unablässig in meinen Rücken. Vorne heult er, hinten tritt er. Der junge Adler will das elterliche Nest ganz offenkundig nicht verlassen. Aber es muss sein. Trink, Vogel, oder schwimm! Einst war auch mein Vater zwischen den muskulösen Schenkeln meines Großvaters eingeklemmt und hat es überstanden. Auch du wirst es überstehen, mein Sohn, das garantiere ich dir.

Durch das Megaphon schallt die Stimme des Bademeisters. »Sie dort! Ja, Sie! Lassen Sie den Kleinen in Ruh! Sie bringen das Kind ja in Lebensgefahr!«

Das ist typisch für die israelischen Verhältnisse. Statt einem Vater in seinen erzieherischen Bemühungen zu helfen, statt dafür zu sorgen, dass eine starke junge Generation heranwächst, schlagen sich die Behörden auf die Seite einer lärmenden Minorität. Bitte sehr. Mir kann's recht sein.

Ich steige mit dem jungen Adler ans Ufer, lasse ihn brüllen und springe mit elegantem Schwung in die kühlen Wogen zurück, mit einem ganz besonders eleganten Schwung, der mich kühn über die aus dem Wasser herausragenden Köpfe hinwegträgt ... weit hinaus in das Schwimmbecken ... dorthin, wo es am seichtesten ist ...

Die Wiederbelebungsversuche des Bademeisters hatten Erfolg.

»Unglaublich«, sagt er, indem er meine Arme sinken lässt. »Und Sie wollen einem Kind das Schwimmen beibringen.«

So kleben wir alle Tage

Vor einigen Monaten machte ein unbekanntes Genie die Entdeckung, dass Bilderbücher nur noch dann auf das Interesse des Kleinkindes rechnen dürfen, wenn das Kleinkind die Bilder einkleben und mit dem übrigbleibenden Klebstoff Möbel und Teppiche bekleckern kann. Das Resultat dieser Entdeckung ist ein Album, an dem – neueren Statistiken zufolge – bereits 40 Prozent der Ehen unseres Landes zugrunde gegangen sind. Das Album heißt »Die Wunder der Welt«. Es umfasst insgesamt 46 Blätter, deren jedes Platz für insgesamt 9 einzuklebende Bilder bietet, welche in der Spielwarenhandlung Selma Blum angekauft werden müssen. Die Bilder sind von hohem erzieherischem Wert, weil sie das Kleinkind auf lustige, leicht fassliche und vielfach farbige Art über den Werdegang unseres Planeten belehren, angefangen von den prähistorischen Ungeheuern über die Pyramiden bis zu den modernen Druckerpressen, die in der kürzesten Zeit 100 000 Bilder herstellen, damit sie das Kleinkind in etwas längerer Zeit einkleben kann. Die Rotationsmaschinen arbeiten 24 Stunden am Tag. Sie arbeiten für meinen Sohn Amir.

Der Trick dieser neumodischen Erziehungsmethode besteht darin, dass Frau Blum die Bilder in geschlossenen Umschlägen verkauft und dass die Kinder immer eine Unzahl von Duplikaten erwerben, bevor sie ein neues Bild finden. Damit ruinieren sie einerseits die elterlichen Finanzen, entwickeln jedoch auf Grund der sich ergebenden Tauschwerte schon frühzeitig einen gesunden Sinn für spätere Börsentransaktionen.

Mein Sohn Amir zeigt auf diesem Gebiet ein sehr beachtliches Talent. Man kann ruhig sagen, dass er den Markt beherrscht. Seit Monaten investiert er sein Taschengeld ins Bildergeschäft. Sein Zimmer quillt über von den Wundern der Welt. Wenn man eine Lade öffnet, taumelt ein Dutzend Brontosaurier hervor.

»Sohn«, fragte ich ihn eines Tages, »dein Album kann längst keine Wunder mehr fassen. Warum kaufst du noch immer welche?«

»Für alle Fälle«, antwortete Amir.

Zu seiner Ehre muss gesagt sein, dass er keine Ahnung hat, was er da überhaupt einklebt. Er liest die dazugehörigen Texte nicht. Über die Zentrifugalkraft weiß er zum Beispiel nichts anderes, als dass er von seinem Freund Gilli dafür zwei Schwertfische und eine Messerschmittmaschine Nr. 109 bekommen hat.

Außerdem stiehlt er. Ich entdeckte das während eines meiner seltenen Nachmittagsschläfchen, als ich zufällig die Augen öffnete und meinen rothaarigen Nachkommen dabei ertappte, wie er in meinen Hosentaschen etwas suchte.

»Was tust du da?«, fragte ich.

»Ich suche Geld. Gilli braucht einen Seeigel.«

»Da soll doch der liebe Gilli von seinem Papi das Geld stehlen.«

»Kann er nicht. Sein Papi ist nervös.«

Ich beriet mich mit der Mutter des Delinquenten. Wir beschlossen, uns mit Amirs Lehrerin zu beraten, die ihrerseits noch einige andere Mitglieder des Lehrkörpers hinzuzog. Es wurde eine massenhaft besuchte Elternversammlung.

Nach Meinung des Lehrkörpers beläuft sich die Anzahl der im Besitz der Schülerschaft befindlichen Bildvorlagen auf 3 bis 4 Millionen in jeder Klasse.

»Vielleicht«, gab einer der Pädagogen zu bedenken, »sollte man die Steuerbehörde auf den exzessiven Profit der Bilderzeuger aufmerksam machen. Das würde die Produktion vielleicht ein wenig eindämmen.«

Der Vorschlag fand keine Zustimmung. Offenbar befanden sich auch unter den anwesenden Eltern mehrere exzessive Profitmacher.

Mein Diskussionsbeitrag bestand in der sorgenvollen Mitteilung, dass Amir zu stehlen begänne.

Allgemeines Gelächter antwortete mir.

»Mein Sohn«, berichtete eine gebeugte Mutter, »hat unlängst einen bewaffneten Raubüberfall unternommen. Er drang mit einem Messer auf seinen Großvater ein, der sich geweigert hatte, ihm Geld für den Ankauf von Bildern zu geben.«

Mehrere Väter schlugen einen langfristigen Boykott der Papierindustrie vor, andere wollten für mindestens ein halbes Jahr den Ankauf von Klebstoff verbieten lassen. Ein Gegenvorschlag, vorgebracht von einem gewissen Herrn Blum, empfahl das sogenannte »dänische System«, das sich bekanntlich auf dem Gebiet der Pornographie ausgezeichnet bewährt hatte: Man sollte den Kindern so viele Bilder kaufen, bis sie endgültig übersättigt wären. Dieser Vorschlag wurde angenommen.

Am nächsten Tag brachte ich einen Korb mit neuen Bildern nach Hause, darunter die »Kultur der Azteken« und »Leonardos erstes Flugzeug«.

Amir nahm mein Geschenk ohne sonderliche Gefühlsäußerung entgegen. Er verwendete die Bilder zu Tauschzwecken und stopfte die Erträgnisse in alle noch aufnahmefähigen Schubladen und Kasten. Den Überschuss deponierte er im Vorzimmer. Seither muss ich mir allmorgendlich mit einer Schaufel den Weg zur Haustür freilegen. Das Badezimmer ist von Dinosauriern blockiert. Und das Album, mit dem die ganze Misere angefangen hat, ist längst unter den »Gesteinsbildungen der Tertiärzeit« begraben. Gestern gelang es mir, mein Arbeitszimmer so weit zu säubern, dass ich mich in den freigewordenen Schaukelstuhl setzen konnte, um ein wenig zu lesen.

Plötzlich stand mein Sohn vor mir, in der Hand einen Stapel von etwa 50 identischen Fotos des bekannten Fußballstars Giora Spiegel.

»Ich habe auch schon 22 Pelé und ein Dutzend Bobby Moore«, informierte er mich nicht ohne Stolz.

Die »Welt des Sports« war auf der Bildfläche erschienen und machte den »Wundern der Welt« erbarmungslose Konkurrenz.

Ich verabschiede mich von meinen Lesern. Es war schön, jahrelang für Sie zu schreiben. Ich danke Ihnen für Ihre treue Gefolgschaft. Sollten Sie längere Zeit nichts von mir hören, dann suchen Sie nach meiner Leiche am besten in der linken Ecke des Wohnzimmers unter dem Haufen schusskräftiger südamerikanischer Flügelstürmer und europäischer Tormänner.

Früh übt sich oder die Abschlussfeier

»Wirst du kommen, Papi? Bestimmt?«

»Ja, mein Sohn. Bestimmt.«

Dies war der kurze, wenig abwechslungsreiche Dialog, der während der letzten sechs Monate zweimal täglich zwischen mir und meinem Sohn Amir stattfand, einmal beim Frühstück und einmal vor dem Schlafengehen. Nadiwa, die Lehrerin, hatte dem Kind eine Hauptrolle in dem Theaterstück gegeben, das am Ende des Schuljahrs aufgeführt werden sollte, und von diesem Augenblick an beschäftigte sich Amir ausschließlich damit, in der Abgeschlossenheit seines Zimmers den Text auswendig zu lernen, unermüdlich, immer wieder, immer dieselben Worte, als wäre eine Schallplatte steckengeblieben.

»Häschen klein ... Gläschen Wein ... sitzt allein«, erklang es unablässig aus Kindermund. »Kleiner Hase ... rote Nase ... ach, wie fein ... muss das sein ...«

Selbst auf dem Schulweg murmelte er diesen läppisch gereimten Unfug vor sich hin, selbst auf die erzürnten Rufe der Autofahrer, die ihn nicht überfahren wollten, reagierte er mit Worten wie: »Häschen spring ... klingeling ... komm und sing ...«

Als der große Tag da war, platzte das Klassenzimmer aus allen Nähten, und viele Besucher drängten herzu, um teils ihre Sprösslinge und teils die von ebendiesen angefertigten Buntstiftzeichnungen israelischer Landschaften zu bestaunen. Mit knapper Not gelang es mir, ein Plätzchen zwischen dem See Genezareth und einem Tisch mit Backwerk zu ergattern. Im Raum brüteten die Hitze und eine unabsehbare Schar erwartungsvoller Eltern. Unter solchen Umständen hat ein Durchschnitts-Papi wie ich die Wahl zwischen zwei Übeln: Er kann sich hinsetzen und nichts sehen als die Nacken der vor ihm Sitzenden, oder er kann stehen und sieht seinen Sohn. Ich entschied mich für einen Kompromiss und ließ mich auf eine Sessellehne nieder, unmittelbar hinter einer Mutter mit einem Kleinkind auf dem Rücken, das sich von Zeit zu Zeit nach mir umdrehte, um mich ausdruckslos anzuglotzen.

»Papi«, hatte mein Sohn Amir beim Aufbruch gefragt, »wirst du auch ganz bestimmt bleiben?«

»Ja, mein Sohn. Ich bleibe.«

Jetzt saß Amir bereits auf der Bühne, in der dritten Reihe der für spätere Auftritte versammelten Schüler, und beteiligte sich mit allen anderen am Absingen des Gemeinschaftsliedes unserer Schule. Auch die Eltern fielen ein, wann immer ein Mitglied des Lehrkörpers einen von ihnen ansah.

Die letzten Misstöne waren verklungen. Ein sommersprossiger Knabe trat vor und wandte sich an die Eltern.

»Nach Jerusalem wollen wir gehen, Jerusalem, wie bist du schön, unsere Eltern kämpften für dich, infolgedessen auch für mich und für uns alle, wie wir da sind, Jerusalem, ich bin dein Kind und bleibe es mein Leben lang, liebe Eltern, habet Dank!«

Ich saß in geräumiger Distanz vom Ort der Handlung. Was dort vorging, erreichte mich nur bruchstückweise.

Soeben rezitiert ein dicklicher Junge etwas über die Schönheiten unseres Landes, aber ich höre kein Wort davon und bin ausschließlich auf visuelle Eindrücke angewiesen. Wenn er hinaufschaut, meint er offensichtlich den Berg Hermon, wenn er die Arme ausbreitet, die fruchtbaren Ebenen Galiläas oder möglicherweise die Wüste Negev. Und wenn er mit seinen Patschhändchen wellenförmige Bewegungen vollführt, kann es sich nur um das Meer handeln. Zwischendurch muss ich die ängstlich forschenden Blicke meines Sohnes erwidern und die des Kleinkindes ignorieren.

Stürmischer Applaus. Ist das Programm schon zu Ende? Ein geschniegelter Musterschüler tritt an die Rampe. »Das Flötenorchester der vierten Klasse spielt jetzt einen Ländler.«

Ich liebe Flötenkonzerte, aber ich liebe sie in der Landschaft draußen, nicht in einem knallvollen Saal mit Städtern. Wie aus dem notdürftig vervielfältigten Programm hervorgeht, besitzt die vierte Klasse außer einem Flötenorchester auch vier Solisten, so dass uns auch vier Soli bevorstehen, damit sich keiner kränkt: 1 Haydn, 1 Nardi, 1 Schönberg, 1 Dvořák.

An den Fenstern wimmelt es von zeitunglesenden Vätern. Und sie genieren sich nicht einmal, sie tun es ganz offen. Das ist nicht schön von ihnen. Ich borge mir eine Sportbeilage aus.

Das Konzert ist vorüber. Wir applaudieren vorsichtig, wenn auch nicht vorsichtig genug. Es erfolgt eine Zugabe.

Die Sportbeilage ist reichhaltig, aber auch sie hat einmal ein Ende. Was nun?

Da. Mein Sohn Amir steht auf und kommt an die Rampe. Mit einem Stuhl in der Hand.

Er ist zunächst nur als Requisiteur tätig.

Seine Augen suchen mich.

»Bist du hier, mein Vater?«, fragt sein stummer Blick.

Ich wackle mit den Ohren. »Hier bin ich, mein Sohn.«

Einer seiner Kollegen erklimmt den Stuhl, den er, Amir, mein eigener Sohn, herangeschafft hat, und gibt sich der Menge als »Schloime der Träumer« zu erkennen. Von seinen Lippen rieselt es rasch und größtenteils unverständlich: »Jetzt wollt ihr wissen warum bla-bla-bla also ich sag's euch meine Mutter sagt immer bla-bla-bla also ich geh und hopp-hopp-hopp auf einmal eine Katze und sum-sum-sum bla-bla-bla ob ihr's glaubt oder nicht und plötzlich Rhabarber Rhabarber alles voll Kalk.«

Die Kinder brüllen vor Lachen. Mit mir jedoch geht es zu Ende. Kein Zweifel, ich bin innerhalb Minutenfrist entweder taub oder senil geworden oder beides.

Es beruhigt mich ein wenig, dass auch viele andere Väter mit unbewegten Gesichtern dasitzen, die Hand ans Ohr legen, sich angestrengt vorbeugen und sonstige Anzeichen ungestillten Interesses von sich geben.

Eine Stunde ist vergangen. Die Mutter mit dem Kleinkind auf dem Rücken sackt lautlos zusammen, mitten in die Kuchen hinein. Ich springe auf, um ihr in die frische Luft hinaus zu helfen, aber ein paar Väter kommen mir zuvor und tragen sie freudestrahlend hinaus. An die frische Luft.

»Und jetzt«, verkündet der Geschniegelte, »bringen die Didl-Dudl-Swingers eine Gesangsnummer, in der sie die Vögel des Landes Israel nachahmen.«

Wenn ich's genau bedenke, habe ich kleine Kinder gar nicht so schrecklich lieb. In kleinen Mengen mag ich sie ganz gern, aber so viele von ihnen auf so kleinem Raum ... Außerdem sind sie miserable Schauspieler. Vollkommen talentlos. Wie sie da zum Klang des Flötenquartetts herumspringen und einen idiotischen Text krächzen ... Böser Kuckadudldu, mach die blöden Augen zu ... oder was immer ... es ist nicht zum Anhören und nicht zum Ansehen ...

Ich fühle mich schlecht und immer schlechter. Keine Luft. An den Fenstern kleben ganze Trauben von japsenden Eltern. Kleine Mädchen müssen Pipi. Draußen im Hof rauchen rebellierende Väter.

Mein Sohn gestikuliert angstvoll. »Nicht weggehen, Papi. Ich komm gleich dran.«

Auf allen vieren krieche ich zu Nadiwa, der Lehrerin: Ob es eine Pause geben wird?

Unmöglich. Würde zu lange dauern. Jedes Kind soll eine Hauptrolle haben. Sonst werden sie eifersüchtig, und die pädagogische Mühe vieler Jahre ist beim Teufel.

Einige Elternpaare, deren Nachkommenschaft sich bereits produziert hat, entfernen sich unter den neidvollen Blicken der zurückbleibenden Mehrheit.

Auf der Bühne beginnen die Vorbereitungen zu einer biblischen Allegorie in fünf Akten. Mein Sohn trägt abermals Requisiten herbei.

Ich werfe einen verstohlenen Blick auf das Rollenbuch, das der Bruder eines Mitwirkenden in zitternden Händen hält, um notfalls als Souffleur zu fungieren.

Ägyptischer Aufseher (hebt die Peitsche): Auf, auf, ihr Faulpelze! Und hurtig an die Arbeit!

Ein Israelit: Wir schuften und schwitzen seit dem Anbruch des Morgens. Ist kein Mitleid in deinem Herzen? Und so weiter in diesem Sinne.

Ich kenne viele Menschen, die niemals geheiratet und sich niemals vermehrt haben und trotzdem glücklich sind. Noch ein Ton aus der hebräischen Flöte und ich werde verrückt.

Aber da geschieht etwas Merkwürdiges. Mit einem Mal nehmen die Dinge Gestalt an, die Atmosphäre wird reizvoll, undefinierbare Spannung liegt in der Luft, man muss unwillkürlich Haltung annehmen, man muss scharf aufpassen. Oben auf der Bühne hat sich ein wunderhübscher Knabe aus der Schar seiner Mitspieler gelöst. Vermutlich mein Sohn. Ja, er ist es. Er verkörpert den Dichter Scholem Alejchem oder den Erfinder der Elektrizität oder sonst jemand Wichtigen, das lässt sich so nicht feststellen.

»Häschen klein ... Gläschen Wein ... bla-bla-bla blubb-blubb-blubb bongo-bongo ... das ist fein ...«

Laut und deutlich deklamiert mein kleiner Rotkopf den Text. Ich blicke mit bescheidenem Stolz in die Runde. Und was muss ich sehen?

In den Gesichtern der Dasitzenden völlige Teilnahmslosigkeit. Einige schlafen sogar. Sie schlafen, während Amirs zauberhaft klare Stimme den Raum durchdringt. Mag sein, dass er kein schauspielerisches Genie ist, aber seine Aussprache ist einwandfrei und sein Vortrag flüssig. Niemals zuvor ward so Deutliches gehört in Israel. Und sie schlafen ...

Als er zu Ende ist, schreckt mein Applaus die Schläfrigen auf. Auch sie applaudieren. Aber ich applaudiere stärker.

Mein Sohn winkt mir zu. »Bist du's, Papi?«

Ja, ich bin es, mein Sohn. Und ich winke zurück.

Die Lehrerin Nadiwa macht ihrem Vorzugsschüler ein Zeichen.

»Wieso?«, flüstere ich ihr zu. »Geht's denn noch weiter?«

»Was meinen Sie, ob es noch weitergeht? Jetzt fängt's ja erst richtig an. Der große historische Bilderbogen: Von der Entstehung der Welt bis zur Entstehung des Staates Israel. Mit Kommentaren und Musik ...«

Und da erklingt auch schon der erste Kommentar von der Bühne:

»Am Anfang schuf Gott den Himmel und die Erde ...«

An den Rest erinnere ich mich nicht mehr.

Gefahren des Wachstums

Renana ist ein liebes Kind. Sie hat etwas an sich ... ich weiß nicht, wie ich es nennen soll ... etwas Positives. Ja, das ist es. Es lässt sich nicht genauer bestimmen, aber es ist etwas Positives. Andere Kinder stecken alles, was sie erreichen können, in den Mund oder treten darauf und ruinieren es.

Nicht so Renana. Plumpe Gewaltanwendung liegt ihr fern. Wenn ihr etwas in die Hände gerät, wirft sie es einfach vom Balkon hinunter. Immer wenn ich nach Hause komme, also täglich, verbringe ich eine geraume Zeitspanne mit dem Aufklauben der verschiedenen Gegenstände, die das Pflaster unter unserem Balkon bedecken. Manchmal eilen ein paar herzensgute Nachbarn herbei und helfen mir beim Einsammeln der Bücher, Salzfässer, Aschenbecher, Schallplatten, Schuhe, Radiogeräte, Uhren und Schreibmaschinen. Manchmal läuten sie, die Nachbarn, auch an unserer Tür, in den Armen die Abfallprodukte des Hauses Kishon, und fragen: »Warum geben Sie dem Baby diese Sachen zum Spielen?«

Als ob wir die Geber wären. Als ob das Baby sich die Sachen nicht selbst nehmen könnte. Sie ist ein sehr gut entwickeltes Kind, unsere Renana. Die letzte Höhenmessung, die wir an der Tür markierten, belief sich auf 71 Zentimeter. Dass sie mit erhobener Hand ungefähr 95 Zentimeter erreicht, war leicht zu berechnen.

»Ephraim«, sagte die beste Ehefrau von allen, »die Gefahrenzone liegt knapp unter einem Meter.«

Unser Leben verlagerte sich auf eine entsprechend höhere Ebene. In einer blitzschnellen Überraschungsaktion wurden sämtliche Glas- und Porzellangegenstände aus sämtlichen Zimmern auf das Klavier übersiedelt, die unteren Bretter meines Bücherregals wurden evakuiert und die Flüchtlinge in höheren Regionen angesiedelt. Die Kristallschüssel mit dem Obst steht jetzt auf dem Wäscheschrank, die Schuhe haben in den oberen Fächern eine Bleibe gefunden, zwischen den Smokinghemden. Meine Manuskripte, zu sorgfältigen Haufen gestapelt, liegen in der Mitte des Schreibtisches, unerreichbar für Renana und somit ungeeignet zur Verwendung als Balkonliteratur.

Bei aller väterlichen Liebe konnte ich ein hämisches Grinsen nicht gänzlich unterdrücken.

»Nichts mehr da zum Werfi-Werfi-Machen, was, Renana?«

Renana griff zum einzig erfolgverheißenden Gegenmittel: Sie wuchs. Wir wissen von Darwin, dass die Giraffe wachsen musste, um die nahrhaften Blätter in den Baumkronen zu erreichen. So wuchs auch unsere Tochter immer höher, immer höher, bis nur noch ein paar lächerliche Zentimeter sie vom Schlüssel des Kleiderschranks trennten.

Das veranlasste die Mutter zu folgender Bemerkung: »An dem Tag, an dem das Kind den Schlüssel erreicht, ziehe ich aus.« Sie zieht immer aus, wenn die Lage bedrohlich wird. Diesmal durfte sie beinahe auf mein Verständnis rechnen. Besonders seit das mit dem Telefon passiert war. Unser Telefon stand seit jeher auf einem kleinen, strapazierfähigen Tischchen, dessen Platte leider unterhalb des olympischen Minimums liegt. Infolgedessen hatte Renana den Steckkontakt aus der Wand gerissen und das Instrument auf den Boden geschleudert. In die Trümmer hinein erscholl ihr triumphierendes Krähen: »Hallo-hallo-hallo!«

Ihre Mutter, die gerade ein längeres Gespräch mit einer Freundin plante, kam zornbebend herbeigesaust, legte ihr Unmündiges übers Knie und rief bei jedem Klaps: »Pfui, pfui, pfui! Telefon nicht anrühren! Nicht Telefon! Pfui, pfui, pfui!«

Der Erfolg dieser pädagogischen Maßnahme trat unverzüglich zutage. Renana hörte auf, »Hallo-hallo-hallo!« zu rufen und rief stattdessen: »Pfui-pfui-pfui!« Das war allerdings nicht ganz das, was wir brauchten. Ich erhöhte die Tischplatte um ein paar dicke Lexikonbände und plazierte das Telefon zuoberst.

Als ich einige Tage später nach Hause kam, stolperte ich über den Band »Aach – Barcelona« und wusste, dass unser Telefon gestört war.

Vor den Resten des Apparates saß schluchzend die beste Ehefrau von allen.

»Wir sind am Ende, Ephraim. Renana vergilt uns Gleiches mit Gleichem.«

Tatsächlich hatte Renana die alte strategische Weisheit entdeckt, dass man den Feind am besten mit seinen eigenen Waffen schlägt. Anders ausgedrückt: Sie hatte ein paar Kissen herangeschleppt und ihre Aktionshöhe dadurch auf 1,40 Meter hinaufgeschraubt, so dass es ihr leichtfiel, das Telefon zu erreichen.

Unser Lebensniveau stieg aufs Neue. Briefpapier und wichtige Manuskripte wanderten in das Schutzgebiet auf dem Klavier. Die Schlüssel wurden an Nägeln an die Wand gehängt. Meine Schreibmaschine landete auf dem Kaminsims, wo sie ebenso wenig hinpasste wie das Radio auf der Pendeluhr. In meinem Arbeitszimmer hingen die Bleistifte und Kugelschreiber an dünnen Seilen von der Decke.

Trotz allem ließ des Nachbars Söhnchen, der gegen Finderlohn die vom Balkon geschleuderten Gegenstände aufsammelte, mindestens dreimal täglich das vereinbarte Signal erklingen, das uns meldete, dass wieder ein voller Korb vor der Tür stand. Unser Leben wurde immer komplizierter. Nach und nach hatten sich alle Haushaltsgegenstände in der Klavierfestung verschanzt, und wer telefonieren wollte, musste auf den Klodeckel steigen. Die beste Ehefrau von allen, weitblickend wie immer, wollte von mir wissen, was wir wohl in einigen Jahren von Renana zu erwarten hätten.

Ich vermutete, dass sie zu einem erstklassigen Basketballspieler heranwachsen würde.

»Vielleicht hast du recht, Ephraim«, war die resignierte Antwort. »Sie steigt bereits auf Stühle.«

Eine Rekonstruktion des Vorgangs, der offensichtlich nach dem Hegel'schen Gesetz des Fortschritts erfolgt war, ergab, dass Renana zuerst auf ein paar übereinandergestapelte Kissen gestiegen war, von dort auf einen Stuhl und von dort auf unsere Nerven. Unser Lebensstandard erreichte eine neuerliche Steigerung auf 1,60 Meter.

Alles Zerbrechliche, soweit noch vorhanden, wurde jetzt auf das Klavier verfrachtet, einschließlich meiner Schreibmaschine. Diese Geschichte schreibe ich in einer Höhe von 1,80 Meter über dem Teppichspiegel. Gewiss, ich stoße mit dem Kopf gelegentlich an die Decke, aber die Luft hier oben ist viel besser. Der Mensch gewöhnt sich an alles, und seine Kinder sorgen dafür, dass immer noch etwas Neues hinzukommt. So schmücken beispielsweise die Bilder, die bisher unsere Wände verzierten, fortan die Decke, so dass unsere Wohnung zu freundlichen Erinnerungen an die Sixtinische Kapelle anregt. Sie wird überdies in zwei Meter Höhe von allerlei Drähten durchkreuzt, an denen die wichtigsten Haushaltsgeräte hängen. Unsere Mahlzeiten nehmen wir in der Küche ein, ganz oben auf der Stellage, dort, wo wir früher die unbrauchbaren Hochzeitsgeschenke untergebracht hatten. Wir leben gewissermaßen in den Wolken. Allmählich lernen wir, an die Decke zu gehen, klettern an den Vorhangstangen hoch, schwingen uns zum Luster und weiter mit kühnem Sprung zum obersten Fach der Bibliothek, wo die Schüssel mit den Bäckereien steht ...

Und Renana wächst und wächst.

Pfui-pfui-pfui.

Gestern Abend stieß die beste Ehefrau von allen, während sie oben in einer Baumkrone mit Näharbeiten beschäftigt war, einen schrillen Schrei aus und deutete mit zitternder Hand nach unten: »Ephraim! Schau!«

Unten begann Renana gerade eine Leiter zu ersteigen, behutsam und zielstrebig, Sprosse um Sprosse.

Ich gebe auf. Ich habe die beste Ehefrau von allen gebeten, meine Geschichten weiterzuschreiben und mich zu verständigen, sobald Renana zu Ende gewachsen ist. Bis dahin bin ich am Boden zerstört.

Wer nichts fragt, lernt nichts

»Papi!« So pflegen mich meine Kinder anzureden. Diesmal war es Amir. Er stand vor meinem Schreibtisch, in der einen Hand das farbenprächtige Album »Die Wunder der Welt«, in der andern Hand den Klebstoff, mit dem allerlei farbenprächtige Bildlein in die betreffenden Quadrate einzukleben waren.

»Papi«, fragt mein blauäugiger, rothaariger Zweitgeborener, »stimmt es, dass sich die Erde um die Sonne dreht?«

»Ja«, antwortet Papi. »Natürlich.«

»Woher weißt du das?«, fragt mein Zweitgeborener.

Da haben wir's. Das ist der Einfluss von Apollo 13. Der kluge Knabe will das Sonnensystem erforschen. Gut. Kann er haben.

»Jeder Mensch weiß das«, erkläre ich geduldig. »Das lernt man in der Schule.«

»Was hast du in der Schule gelernt? Sag's mir.«

Tatsächlich: Was habe ich gelernt? Meine einzige Erinnerung an die Theorie des Universums besteht darin, dass unser Physiklehrer eine Krawatte mit blauen Tupfen trug und minutenlang – ohne Unterbrechung, aber dafür mit geschlossenen Augen – reden konnte. Er hatte schlechte Zähne. Die oberste Zahnreihe stand vor. Wir nannten ihn »das Pferd«, wenn mein Gedächtnis mich nicht trügt. Ich werde es gelegentlich einer Kontrolle unterziehen.

»Also? Woher weißt du das?«, fragt Amir aufs Neue.

»Frag nicht so dumm. Es gibt unzählige Beweise dafür. Wenn es die Sonne wäre, die sich um die Erde dreht, statt umgekehrt, würde man ja von einem Erdsystem sprechen und nicht von einem Sonnensystem.«

Amir scheint keineswegs überzeugt. Ich muss ihm eindrucksvollere Beweise liefern, sonst kommt er auf schlechte Gedanken. Er ist ja, das soll man nie vergessen, rothaarig.

»Schau her, Amir.« Ich ergreife einen weißen Radiergummi und halte ihn hoch. »Nehmen wir an, das ist der Mond. Und die Schachtel mit den Reißnägeln ist die Erde.«

Jetzt bin ich auf dem richtigen Weg. Die Schreibtischlampe übernimmt die Rolle der Sonne, und Papi führt mit einer eleganten Bewegung den Radiergummi über die Schachtel mit den Reißnägeln um die Schreibtischlampe herum, langsam, langsam, kreisförmig, kreisförmig …

»Siehst du den Schatten? Wenn der Radiergummi sich gerade in der Mitte seiner Bahn befindet, liegt die Schachtel mit den Reißnägeln im Schatten.«

»So?« Die Stimme meines Sohnes klingt zweiflerisch. »Sie liegt aber auch im Schatten, wenn du die Lampe hin und her drehst und die Schachtel auf dem Tisch liegen lässt. Oder?«

Man sollte nicht glauben, wie unintelligent ein verhältnismäßig erwachsenes Kind fragen kann.

»Konzentrier dich gefälligst!« Ich erhebe meine

Stimme, auf dass mein Sohn den Ernst der Situation erfasse. »Wenn ich die Lampe bewege, würde der Schatten ja vollständig auf die eine Seite fallen und nicht auf die andere.«

Es ist nicht der Schatten, der jetzt fällt, sondern es fällt die Schachtel mit den Reißnägeln, und zwar auf den Boden. Wahrscheinlich infolge der Zentrifugalkraft. Der Teufel soll sie holen.

Ich bücke mich, um die über den ganzen Erdball verstreuten Reißnägel aufzulesen.

Bei dieser Gelegenheit fällt mein Blick auf meines Sohnes Socken.

»Du siehst wieder mal wie ein Landstreicher aus!«, bemerke ich tadelnd.

Was nämlich meines Sohnes Socken betrifft, so hängen sie bis über die Schuhe herunter. Das tun sie immer. Ich habe noch nie ein so schlampiges Kind gesehen.

Während ich das Material aus dem Universum rette, richte ich mich langsam auf und versuche mich an die Theorien von Galileo Galilei zu erinnern, der diese ganze Geschichte damals an irgendeinem Königshof oder sonstwo ins Rollen gebracht hat. Das weiß ich sehr gut, weil ich die gleichnamige Aufführung im Kammertheater gesehen habe, mit Salman Levisch in der Titelrolle. Er hat dem Großinquisitor, dargestellt von Abraham Ronai, heroischen Widerstand geleistet, ich sehe es noch ganz deutlich vor mir. Leider bedeutet das jetzt keine Hilfe für mich.

Auch der Himmel hilft mir nicht. Ich bin ans Fenster getreten und habe hinausgeschaut, ob sich dort oben etwas bewegt. Aber es regnet.

Ich schicke meinen Sohn in sein Zimmer zurück und empfehle ihm, über seine dumme Frage selbst nachzudenken, damit er sieht, wie dumm sie ist.

Amir entfernt sich beleidigt.

Kaum ist er draußen, stürze ich zum Lexikon und beginne fieberhaft nach einem einschlägigen Himmelsforscher zu blättern ... Ko ... Kopenhagen ... da: Kopernikus, Nikolaus, deutscher Astronom (1473–1543) ... Eine halbe Seite ist ihm gewidmet. Eine volle halbe Seite und kein einziges Wort über die Erddrehung. Offenbar haben auch die Herausgeber des Lexikons vergessen, was man ihnen in der Schule beigebracht hat.

Ich begebe mich in das Zimmer meines Sohnes. Ich lege meinem Sohn mit väterlicher Behutsamkeit die Hand auf die Stirn und frage ihn, wie es ihm geht.

»Du hast überhaupt keine Ahnung von Astronomie, Papi«, lässt mein Sohn sich vernehmen.

Höre ich recht? Ich habe keine Ahnung? Ich?! Unverschämt, was so ein kleiner Bengel sich erfrecht!

Die Erinnerung an Salman Levisch gibt mir neue Kraft.

»Und sie bewegt sich doch!«, erkläre ich mit Nachdruck. »Das hat Galileo vor seinen Richtern gesagt. Kapierst du das denn nicht, du Dummkopf? Und sie bewegt sich doch!«

»In Ordnung«, sagt Amir. »Sie bewegt sich. Aber wieso um die Sonne?«

»Um was denn sonst? Vielleicht um die Großmama?«

Kalter Schweiß tritt mir auf die Stirn. Mein väterliches Prestige steht auf dem Spiel.

»Das Telefon!« Ich sause zur Tür und in mein Zimmer hinunter, wirklich zum Telefon, obwohl es natürlich nicht geläutet hat. Vielmehr rufe ich jetzt meinen Freund Bruno an, der als Biochemiker oder etwas dergleichen tätig ist.

»Bruno«, flüstere ich in die Muschel, »wieso wissen wir, dass sich die Erde um die Sonne dreht?«

Sekundenlange Stille. Dann höre ich Brunos gleichfalls flüsternde Stimme. Er fragt mich, warum ich flüstere. Ich antworte, dass ich heiser bin, und wiederhole meine Frage nach der Erddrehung.

»Aber das haben wir doch in der Schule gelernt«, stottert der Biochemiker oder was er sonst sein mag. »Wenn ich nicht irre, wird es durch die vier Jahreszeiten bewiesen ... besonders durch den Sommer ...«

»Eine schöne Auskunft, die du mir da gibst«, zische ich ihm ins Ohr. »Das mit den vier Jahreszeiten bleibt ja auch bestehen, wenn die Lampe bewegt wird und die Schachtel mit den Reißnägeln nicht herunterfällt! Adieu.«

Als Nächstes versuche ich es bei meiner Freundin Dolly. Sie hat einmal Jura studiert und könnte von damals noch etwas wissen.

Dolly erinnert sich auch wirklich an das Experiment mit Fouchers Pendel aus der Physikstunde. Soviel sie weiß, wurde das Pendel an einem freistehenden Kirchturm aufgehängt und hat dann Linien in den Sand gezogen. Das war der Beweis.

Allmählich wird mir die Inquisition sympathisch. Freche, vorlaute Kinder, die nur darauf aus sind, ihre Altvorderen zu blamieren, sollten sich hüten! Woher weiß ich, dass die Erde sich um die Sonne dreht? Ich weiß es und Schluss. Ich spüre es in allen Knochen.

Mühsam schleppe ich mich an meinen Schreibtisch zurück, um weiterzuarbeiten. Wo ist der Radiergummi?

»Papi!« Der Rotkopf steht schon wieder vor mir. »Also bitte – was dreht sich?«

Tiefe Müdigkeit überkommt mich. Mein Kopf schmerzt. Man kann nicht sein ganzes Leben kämpfen, schon gar nicht gegen die eigenen Kinder.

»Alles dreht sich«, murmle ich. »Was geht's dich an?«

»Du meinst, die Sonne dreht sich?«

»Darüber streiten sich die Gelehrten. Heutzutage ist alles möglich. Und zieh schon endlich deine Socken hinauf!«

Wie unser Sohn Amir
das Schlafengehen erlernte

Manche Kinder wollen um keinen Preis rechtzeitig schlafen gehen und quälen ihre Eltern damit. Wie anders unser Amir! Er geht mit einer Regelmäßigkeit zu Bett, nach der man die Uhr stellen kann: auf die Minute genau um halb neun am Abend. Und um sieben am Morgen steht er frisch und rosig auf, ganz wie's der Onkel Doktor will und wie es seinen Eltern Freude macht.

So gerne wir von der Folgsamkeit unseres Söhnchens und seinem rechtzeitigen Schlafengehen erzählen – ein kleiner Haken ist leider dabei: Es stimmt nicht. Wir lügen wie alle Eltern. In Wahrheit geht Amir zwischen 23.30 und 2.15 Uhr schlafen. Das hängt vom Sternenhimmel ab und vom Fernsehprogramm. Am Morgen kriecht er auf allen vieren aus dem Bett, so müde ist er. An Sonn- und Feiertagen verläßt er das Bett überhaupt nicht.

Nun verhält es sich keineswegs so, dass der Kleine sich etwa weigern würde, der ärztlichen Empfehlung zu folgen und um 20.30 Uhr schlafen zu gehen. Pünktlich zu dieser Stunde schlüpft er in seinen Pyjama, sagt »Gute Nacht, liebe Eltern!« und zieht sich in sein Schlafzimmer zurück. Erst nach einer bestimmten Zeit – manchmal dauert es eine Minute, manchmal anderthalb – steht er wieder auf, um seine Zähne zu putzen. Dann nimmt er ein Getränk zu sich, dann muss er Pipi machen, dann sieht er in seiner Schultasche nach, ob alles drinnen ist, trinkt wieder eine Kleinigkeit, meistens vor dem Fernsehapparat, plaudert anschließend mit dem Hund, macht noch einmal Pipi, beobachtet die Schnecken in unserem Garten, beobachtet das Programm des Jordanischen Fernsehens und untersucht den Kühlschrank auf Süßigkeiten. So wird es 2.15 Uhr und Schlafenszeit.

Natürlich geht diese Lebensweise nicht spurlos an ihm vorüber. Amir sieht ein wenig blass, ja beinahe durchsichtig aus, und mit den großen Ringen um seine Augen ähnelt er bisweilen einem brillentragenden Gespenst. An heißen Tagen, so ließ uns sein Lehrer wissen, schläft er mitten im Unterricht ein und fällt unter die Bank. Der Lehrer erkundigte sich, wann Amir schlafen geht. Wir antworteten: »Um halb neun. Auf die Minute.«

Lange Zeit gab es uns zu denken, dass alle anderen Kinder unserer Nachbarschaft rechtzeitig schlafen gehen, zum Beispiel Gideon Landesmanns Töchterchen Avital. Gideon verlangt in seinem Hause strikten Gehorsam und eiserne Disziplin – er ist der Boss, daran gibt's nichts zu rütteln. Pünktlich um 20.45 Uhr geht Avital schlafen, wir konnten das selbst feststellen, als wir unlängst bei Landesmanns zu Besuch waren. Um 20.44 Uhr warf Gideon einen Blick auf die Uhr und sagte kurz, ruhig und unwidersprechlich: »Tally – Bett.«

Keine Silbe mehr. Das genügt. Tally steht auf, sagt

allseits Gute Nacht und trippelt in ihr Zimmerchen, ohne das kleinste Zeichen jugendlicher Auflehnung. Wir, die beste Ehefrau von allen und ich, bergen schamhaft unser Haupt bei dem Gedanken, dass zur selben Stunde unser Sohn Amir in halbdunklen Räumen umherstreift wie Hamlet in Helsingör.

Wir schämten uns bis halb zwei Uhr früh. Um halb zwei Uhr früh öffnete sich die Tür, das folgsame Mädchen Avital erschien mit einem Stoß Zeitungen unterm Arm und fragte: »Wo sind die Wochenendbeilagen?«

Jetzt war es an Gideon, sich zu schämen. Und seit diesem Abend erzählen wir allen unseren Gästen, dass unsere Kinder pünktlich schlafen gehen.

Im Übrigen wissen wir ganz genau, was unseren Amir am rechtzeitigen Einschlafen hindert. Er hat sich dieses Virus während des Jom-Kippur-Kriegs zugezogen, als der Rundfunk bis in die frühen Morgenstunden Frontnachrichten brachte – und wir wollten unserem Sohn nicht verbieten, sie zu hören. Diesen pädagogischen Missgriff vergilt er uns mit nächtlichen Wanderungen, Zähneputzen, Pipimachen, Hundegesprächen und Schneckenbeobachtung.

Einmal erwischte ich Amir um halb drei Uhr früh in der Küche bei einer illegalen Flasche Cola.

»Warum schläfst du nicht, Sohn?«, fragte ich.

Die einigermaßen überraschende Antwort lautete: »Weil es mich langweilt.«

Ich versuchte ihn eines Besseren zu belehren, führte zahlreiche Beispiele aus der Tierwelt an, deren Angehörige mit der Abenddämmerung einschlafen und mit der Morgendämmerung erwachen. Amir verwies mich auf das Gegenbeispiel der Eule, die seit jeher sein Ideal wäre, genauer gesagt, seit gestern. Ich erwog, ihm eine Tracht Prügel zu verabreichen, aber die beste Ehefrau von allen ließ das nicht zu. Sie kann es nicht vertragen, wenn ich ihre Kinder schlage. Also begnügte ich mich damit, ihn barsch zum Schlafengehen aufzufordern. Amir ging und löste Kreuzworträtsel bis drei Uhr früh.

Wir wandten uns an einen Psychotherapeuten, der uns dringend empfahl, den Charakter des Kleinen nicht gewaltsam zu unterdrücken. »Überlassen Sie seine Entwicklung der Natur«, riet uns der Fachmann. Wir gaben der Natur eine Chance, aber sie nahm sie nicht wahr.

Als ich Amir kurz darauf um halb vier Uhr früh dabei antraf, wie er mit farbiger Kreide Luftschiffe an die Wand malte, verlor ich die Nerven und rief den weichherzigen Seelenarzt an.

Am anderen Ende des Drahtes antwortete eine Kinderstimme: »Papi schläft.«

Die Rettung kam während der Pessach-Feiertage. Sie kam nicht sofort. Am ersten schulfreien Tag blieb Amir bis 3.45 Uhr wach, am zweiten bis 4.20 Uhr. Sein reges Nachtleben ließ uns nicht einschlafen. Was half es, Schafe zu zählen, wenn unser eigenes kleines Lamm hellwach herumtollte.

Es wurde immer schlimmer und schlimmer. Amir schlief immer später und später ein. Die beste Ehefrau von allen wollte ihm eine Tracht Prügel verabreichen, aber ich ließ das nicht zu. Ich kann es nicht vertragen, wenn sie meine Kinder schlägt.

Und dann, urplötzlich, hatte sie den erlösenden Einfall. »Ephraim«, sagte sie und setzte sich ruckartig im Bett auf, »wie spät ist es?«

»Zehn nach fünf«, gähnte ich.

»Ephraim, wir müssen uns damit abfinden, dass wir Amir nicht auf eine normale Einschlafzeit zurückschrauben können. Wie wär's, und wir schrauben ihn nach vorn?«

So geschah's. Wir gaben Amirs umrandeten Augen jede Freiheit, ja wir ermunterten ihn, überhaupt nicht zu schlafen.

»Geh ins Bett, wenn du Lust hast. Das ist das Richtige für dich.«

Unser Sohn erwies sich als höchst kooperativ, und zwar mit folgendem Ergebnis:

Am dritten Tag der Behandlung schlief er um 5.30 Uhr ein und wachte um 13 Uhr auf.

Am achten Tag schlief er von 9.30 Uhr bis 18.30 Uhr.

Noch einige Tage später wurde es 15.30 Uhr, als er schlafen ging, und Mitternacht, als er erwachte.

Am siebzehnten Tag ging er um sechs Uhr abends schlafen und stand mit den Vögeln auf.

Und am letzten Tag der ingesamt dreiwöchigen Ferien hatte Amir sich eingeholt. Pünktlich um halb neun Uhr abends schlief er ein, pünktlich um sieben Uhr morgens wachte er auf. Und dabei ist es geblieben.

Unser Sohn schläft so regelmäßig, dass man die Uhr nach ihm richten kann. Wir sagen das nicht ohne Stolz.

Es ist allerdings auch möglich, dass wir lügen wie alle Eltern.

Ich kam, sah und durfte nicht siegen

Von einer Auslandsreise brachte ich meinem Sohn Amir ein Tischfußballfeld mit, ein sinnreiches, großartig konstruiertes Spielzeug, nicht unähnlich den illuminierten Spieltischen, um die sich in unseren Strandkaffeehäusern langhaarige Jugendliche scharen. Der Fußballtisch besteht aus einem hellgrün angestrichenen Spielfeld mit einem Tor an jedem Ende und einer Anzahl von Querstangen, an denen eine beiderseits gleiche Anzahl von grünen und roten Spielerfiguren befestigt ist.

An beiden Enden jeder Querstange befindet sich ein Griff, durch dessen Drehung die Spielerfiguren so bewegt werden können, dass sie einen kleinen hölzernen Ball auf das gegnerische Tor zutreiben und womöglich ins Tor hinein. Es ist ein bezauberndes Spiel, bestens geeignet, den Geist edlen Wettkampfs in einem Kind oder sogar in einem Erwachsenen zu wecken, zu hegen und zu pflegen, kurzum, den Spieler zu wahrer Sportlichkeit zu erziehen. Oder so heißt es jedenfalls im beigefügten Reklametext.

Amir fand an der Sache sofort Gefallen. Anfangs machte er mir den Eindruck einer gewissen Unbeholfenheit, aber es stellte sich bald heraus, dass er für das Minifußballspiel überhaupt keine Eignung besaß. Nun, was soll's. Er kann sehr hübsch zeichnen und sehr gut kopfrechnen, also verschlägt's nicht viel, dass er über keine besonders hochentwickelte manuelle Geschicklichkeit verfügt. Nicht als wäre er außerstande, die Handgriffe an den Querstangen zu betätigen. Er betätigt sie. Nur gerät der Ball bei ihm niemals in die Richtung des gegnerischen Tors. Ich mache mir deshalb keine übermäßigen Sorgen. Der Junge ist recht intelligent und lebhaft.

Am lebhaftesten ist sein Ehrgeiz entwickelt. Amir will unbedingt Sieger bleiben. Wann immer er ein Tischfußballspiel gegen einen seiner Klassenkameraden verliert, wird sein Gesicht so rot wie seine Haare, und dicke Tränen rinnen ihm über die Wangen. Obendrein ist er, um das Unglück voll zu machen, ein leidenschaftlicher Tischfußballspieler.

Er träumt von nichts anderem als von diesem Spiel und natürlich davon, dass er gewinnt. Er hat den Holzpuppen, die seine Mannschaft bilden, sogar Namen gegeben. Die Stürmer heißen samt und sonders Pelé, der Tormann heißt Jaschin, und alle Übrigen heißen Bloch, nach dem besten Fußballspieler seiner Klasse.

Infolge der zahlreichen Niederlagen, die er von seinen Altersgenossen erdulden musste, will Amir neuerdings nur noch gegen mich antreten. Dabei wirft er mir stumme Blicke zu, als wollte er mich beschwören: »Verlier, Papi! Bitte verlier!«

Ich muss gestehen, dass ich sein Verhalten als unfair empfinde. Warum soll ich verlieren? Auch ich siege lieber wie jeder normale Mensch. Wenn er gewinnen will, dann soll er eben besser spielen. Als ich in seinem

Alter war, sammelte ich Schmetterlinge und konnte jeden Wecker klaglos auseinandernehmen.

Ich versuchte ihm meine Haltung zu erklären.

»Pass auf, Amir. Ich bin groß, und du bist klein, stimmt das?«

»Ja.«

»Was würdest du von einem Papi halten, der sich von seinem kleinen Sohn schlagen lässt? Wäre ein solcher Papi in deinen Augen etwas wert?«

»Nein.«

»Warum machst du dann so ein Theater, wenn du verlierst?«

»Weil ich gewinnen will!«

Und er begann heftig zu schluchzen.

An dieser Stelle griff seine Mutter ein.

»Lass ihn doch nur ein einziges Mal gewinnen, um Himmels willen«, flüsterte sie mir zu. »Du musst auf seine Selbstachtung Rücksicht nehmen. Wer weiß, was für seelischen Schaden du ihm zufügst, wenn du immer gewinnst …«

Ich unternahm eine übermenschliche Anstrengung, um seine Selbstachtung zu steigern. Immer wenn einer seiner Pelés den Ball gegen mein Tor trieb, holte ich meinen Tormann höflich aus dem Weg, nur um meinem armen, misshandelten Kind eine Chance zu geben, wenigstens einmal ein Tor zu schießen. Aber nichts da. Er kann sehr gut kopfrechnen, aber er wird wohl nie imstande sein, einen hölzernen Ball selbst in ein Tor zu treiben.

Angesichts solcher Unfähigkeit verfiel ich auf den

verzweifelten Ausweg, ein Eigentor zu schießen. Ich drehte die Kurbel meines Mittelstürmers … der Ball sprang an die Querstange … sprang zurück … und rollte langsam und unaufhaltsam in Amirs Tor.

Neuerliches Geheul war die Folge und wurde von einem hemmungslosen Wutausbruch abgelöst. Der leicht erregbare Knabe packte das Tischfußballspiel, schleuderte es zu Boden, mitsamt allen Querstangen, Spielern und dem Holzball. »Du willst mich nicht gewinnen lassen!«, brüllte er. »Das machst du mit Absicht!«

Ich hob das verwüstete Spiel auf und installierte es behutsam auf dem Tisch. Dabei merkte ich, dass drei meiner Spieler ihre Köpfe verloren hatten und nur noch halb so groß waren wie zuvor.

»Jetzt hast du mir die Mannschaft zerbrochen«, sagte ich. »Wie soll ich mit diesen Stürmern weiterspielen? Sie kippen ja um und können den Ball nicht weitertreiben.«

»Macht nichts.« Mein eigen Fleisch und Blut blieb ungerührt. »Spielen wir trotzdem weiter.«

Und in der Tat: Kaum hatten wir das Match wiederaufgenommen, gewann Amir allmählich die Oberhand. Ich konnte meine verkürzten Spieler drehen und wenden, wie ich wollte – sie waren zu Statisten verurteilt. Auf Amirs Seite hingegen wanderte der Ball unbehindert von Bloch zu Pelé, von Pelé zu Pelé II – und endlich – endlich – ich hob sicherheitshalber das eine Ende des Tisches ein wenig hoch – endlich landete der Ball in meinem Tor.

»Hoho!« Aus Amirs Siegesruf klang unverhohlener Triumph. »Tor! Tor! 1:0 für mich! Ich hab dich geschlagen! Hoho! Ich bin der Sieger …«

Am nächsten Tag waren alle meine Spieler kopflos. Ich hatte sie geköpft. Für das Selbstbewusstsein meines Sohnes ist mir nichts zu teuer.

Kleine Geschenke erhalten
Vater und Sohn

Amir, mein zweitgeborener und, wie man weiß, rothaariger Sohn, hatte ziemlich mühelos das Alter von
dreizehn Jahren und damit nach jüdischem Gesetz seine offizielle Mannbarkeit erreicht. Dies äußerte sich
unter anderem darin, dass er – am ersten Sabbat nach
seinem Geburtstag – in der Synagoge zur Verlesung des
fälligen Thoraabschnitts an die Bundeslade gerufen
wurde.

Es äußerte sich ferner in einer abendlichen Feier, die
wir nach Elternsitte für ihn veranstalteten und zu der
wir zahlreiche Freunde sowie, vor allem, wohlhabende
Bekannte einluden.

Kurz vor Beginn des Empfangs machte ich meinem
zum Manne gewordenen Sohn die Bedeutung des An-
lasses klar.

»Generationen deiner Vorfahren, mein Junge, blicken heute stolz auf dich nieder. Du übernimmst mit
dem heutigen Tag die Verantwortung eines volljähri-
gen Bürgers dieses Landes, das nach zweitausend Jahren endlich wieder …«

»Apropos zweitausend«, unterbrach mich mein verantwortungsbewusster Nachfahre. »Glaubst du, dass
wir so viel zusammenbekommen?«

»Wer spricht von Geld?«, wies ich ihn zurecht. »Wer
spricht von Schecks und von Geschenken? Was zählt,

ist das Ereignis als solches, ist sein spiritueller Gehalt, ist ...«

»Ich werde ein Bankkonto auf meinen Namen eröffnen«, vollendete Amir laut und deutlich seinen Gedankengang.

Dennoch war er ein wenig unsicher, als die ersten Gäste erschienen. Er wusste nicht recht, wo sein Platz war, er begann zu schwitzen und fragte mich immer wieder, was er sagen sollte.

Geduldig brachte ich es ihm bei. »Sag: Ich freue mich, dass Sie gekommen sind.«

»Und wenn man mir das Geschenk überreicht?«

»Dann sag: Danke vielmals, das war aber wirklich nicht notwendig.«

Derart gerüstet, bezog Amir Posten neben der Tür. Schon von weitem rief er jedem Neuankömmling entgegen: »Danke, das war nicht notwendig« und hielt die Hand auf. Als er den ersten Scheck über 50 Pfund bekam, musste ich ihn zurückhalten, sonst hätte er seinem Wohltäter die Hand geküsst. Über die erste Füllfeder geriet er beinahe in Ekstase, und beim Anblick eines Expanders brach er in Freudentränen aus. »Ein empfindsames Kind«, bemerkte seine Mutter. »Und so begeisterungsfähig!«

Die Sammelstelle für Geschenke wurde im Zimmer meiner jüngsten Tochter Renana eingerichtet, und mein ältester Sohn Raphael übernahm es, die Beute zu ordnen.

Die festliche Atmosphäre trübte sich ein wenig, als ein zur Prunksucht neigender Geschäftsmann mit einem Scheck in der exhibitionistischen Höhe von 250 Pfund eintraf. Neben solcher Großzügigkeit verblassten sämtliche Kompasse und Enzyklopädien. Immer nachlässiger murmelte von da an der junge Vollbürger sein »danke ... nicht notwendig ...«, und bald darauf beklagte er sich bei mir über zwei soeben eingetroffene Gäste, von denen er nichts weiter bekommen hatte als einen Händedruck, was wirklich nicht notwendig war. Ich behielt die beiden Geizkragen scharf im Auge und sah mit hilfloser Empörung, wie sie sich am Buffet gütlich taten.

»Nur Geduld«, tröstete ich meinen wütenden Sohn. »Die kriegen wir noch. Geh auf deinen Kontrollposten.«

Im Allgemeinen durfte man jedoch mit den Geschenken zufrieden sein, obwohl sie von wenig Fantasie zeugten und zahlreiche Duplikate aufwiesen. Es wimmelte von Feldflaschen, Ferngläsern, Kompassen und Füllfedern, und die Expander vermehrten sich wie die Kaninchen. Wer hätte gedacht, dass diese Instrumente so billig sind.

Wir empfanden es geradezu als Erlösung, als die Seligs mit dem Minimodell eines zusammenlegbaren Plastikboots ankamen. Amir vergaß sich und sagte statt des üblichen »Danke, nicht notwendig« mit anerkennendem Kopfnicken: »Nicht schlecht.«

Ich selbst schlüpfte von Zeit zu Zeit aus meiner Rolle als freundlicher Gastgeber, um Inventur zu machen. Die Bücher hatten sich mittlerweile zu Türmen hochgeschichtet: preiswerte Ausgaben der Bibel, Reisebeschreibungen und ein Bändchen mit dem zunächst rätselhaften Titel »Hinter dem Feigenblatt«, das sich als Anleitung zum Geschlechtsverkehr für Minderjährige entpuppte. Und irgendein Idiot hatte meinem Sohn ein »Lexikon des Humors« geschenkt, in dem der Name seines Vaters nicht erwähnt war. Ich gab Auftrag, dem Kerl keine Getränke anzubieten.

In einer Kampfpause versuchte ich mich an dem Expander und stellte befriedigt fest, dass ich ihn über zwei Stufen spannen konnte. Außerdem beschlagnahmte ich eine Füllfeder. Es waren sowieso schon zu viele. Amir sollte sich nach der Feier eine aussuchen, meinetwegen sogar zwei, und den Rest würden wir umfunktionieren.

Im Übrigen veränderte sich der Charakter meines rothaarigen Sohnes gewissermaßen unter meinen Augen. Er hatte längst aufgehört, die ankommenden Gäste zu begrüßen. Die stumme Gebärde, mit der er ihnen entgegensah, bedeutete unverkennbar: »Wo ist das Geschenk?«, und die Stimme, mit der er sich bedankte, klang je nach den gegebenen Umständen von herzlich bis kühl. Auch sonst benahm er sich wie ein Erwachsener.

Bei meinem nächsten Besuch im Lagerraum stieß ich auf zwei Flakons Toilettenwasser, für die der Junge keine Verwendung hatte.

Die Leute könnten wirklich ein wenig nachdenken, bevor sie Geschenke machen. Auch einen goldenen Kugelschreiber und eine Mundharmonika nahm ich an mich.

Dann wurde ich in meinen Ordnungsbemühungen gestört. »Um Himmels willen«, zischte die beste Ehefrau von allen. »Kümmere dich doch um unsere Gäste!«

Ich stellte mich neben Amir, der den jetzt schon etwas spärlicher eintreffenden Gästen mit dem lüsternen Blick eines Wegelagerers entgegensah und sie erstaunlich richtig einzuschätzen wusste.

»Höchstens achtzig«, flüsterte er mir zu oder verächtlich: »Taschenmesser.«

Gegen zehn Uhr vertrieb er alle Familienmitglieder aus dem Abstellmagazin und versperrte die Tür. »Hinaus!«, rief er. »Das gehört mir!«

Als er auf Seligs Plastikboot ein Preisschildchen mit der Aufschrift »Pfund 7,25« entdeckte, machte er den Spender in der Menge ausfindig und spuckte ihm zielsicher zwischen die Augen.

Rätselhaft blieb uns allen ein Radio mit Unterwasser-Kopfhörern. Von wem stammte es? Wir gingen rasch das von meiner Tochter Renana angelegte Namensverzeichnis der Anwesenden durch. Es kamen nur zwei in Frage, die auf der Geschenkliste nicht erschienen: unser Zahnarzt und ein Unbekannter mit knallroter Krawatte. Aber welcher von beiden könnte es sein?

Die Ungewissheit wurde umso quälender, als wir uns bei dem einen bedanken und den anderen maßregeln mussten. Da bewährte sich wieder Amirs Instinkt. Er machte sich an den Zahnarzt heran und trat ihm ans Schienbein. Der Zahnarzt nahm das widerstandslos hin. Kein Zweifel, die edle Spende stammte vom Krawattenträger.

Heftigen Unwillen rief bei uns allen das Geschenk eines Frankfurter Juden namens Jakob Sinsheimer hervor, das aus einem Holzschnitt seiner Geburtsstadt bestand. Was uns erbitterte, war nicht die Wertlosigkeit des Blattes, sondern die auf der Rückseite angebrachte Widmung: »Meinem lieben Kobi zur Bar-Mizwa von seinem Onkel Samuel.« Wir gossen ein wenig Himbeersaft über Herrn Sinsheimers Anzug und entschuldigten uns.

Inzwischen begrüßte Amir die letzten Gäste. »He!«, rief er. »Wie viel?«

Er hatte sich zu einem richtigen Monstrum ausgewachsen, seine blutunterlaufenen Augen lagen in den Höhlen, seine Krallenhände zitterten vor Gier, sein ganzer Anblick war so abscheulich, dass ich mich abwandte und in den Lagerraum flüchtete, wo ich die beste Ehefrau von allen in flagranti erwischte, wie sie sich mit Golda Meirs Lebenserinnerungen aus dem Staub machte.

Allein geblieben, befeuchtete ich Daumen und Zeigefinger und begann die Schecks zu zählen. Guter Gott, welch eine Verschwendung! So viel Geld in einem so armen Land wie dem unsern! Der Gedanke, dass mein missratener Sohn über all diese Summen verfügen könnte, hatte etwas höchst Beunruhigendes. Ich ließ ihm ein paar niedrige Schecks und nahm die anderen an meine väterliche Brust.

Nein, ich hatte kein schlechtes Gewissen. Es war nur

recht und billig, was ich tat. Hatte ich nicht in seine Erziehung eine Menge Geld investiert? Und wer hatte für diesen kostspieligen Festempfang gezahlt? Na also. Er soll arbeiten gehen und Geld verdienen. Schließlich ist er heute zum Mann geworden.

Unterwegs mit der Familie

Es gibt nichts Abwechslungsreicheres als Autofahrten im Kreis der Familie. Kaum bin ich zehn Meter gefahren, stößt die beste Ehefrau von allen ihren ersten schrillen Schrei aus: »Rot! Rot!« Oder: »Ein Radfahrer! Gib auf den Radfahrer acht!«

Diese Begleittexte kommen immer paarweise: der erste mit einem Ausrufezeichen, der zweite im Kursivdruck. Früher versuchte ich meiner Gattin beizubringen, dass ich seit meiner Kindheit einen Führerschein besitze und noch kein einziges Mal gegen die Verkehrsordnung verstoßen habe, dass ich ebenso viele Augen habe wie sie, vielleicht sogar mehr, und dass ich sehr gut ohne ihre Ausrufezeichen auskommen kann.

Seit einigen Jahren habe ich es aufgegeben. Es hilft nichts. Genauso gut könnte man den Arabern zureden, sich mit der Existenz Israels abzufinden. Sie hört mir einfach nicht zu. Sie selbst hat schon elf Verkehrsstrafen bekommen, aber an denen bin ich schuld. Es kommt vor, dass wir durch eine völlig menschenleere Straße fahren – und plötzlich dringt ihr Schreckensruf an mein Ohr: »Ephraim! Ephraim!«

Ich reiße das Steuer herum, gerate auf den Gehsteig, stoße zwei Koloniakübel um und krache in den Rollbalken einer Wäscherei. Dann stelle ich die Reste des Motors ab und blicke um mich. Weit und breit ist nichts und niemand zu sehen. Die Straße ist so verlassen wie der unwirtlichste Teil der Negev-Wüste.

»Warum hast du geschrien?«, erkundige ich mich und füge im Kursivdruck hinzu: »Warum hast du geschrien?«

»Weil du unkonzentriert gefahren bist. Überhaupt – wie du fährst! Wie du fährst!« Und sie schnallt demonstrativ ihren Sicherheitsgurt enger.

Die Kinder nehmen natürlich Partei für Mami. Das erste Tier, das meine kleine Tochter Renana erkennen lernte, war ein Zebrastreifen. Ein Zebrastreifen! Auch ihr Großvater stellt oft und gerne fest, dass ich wie ein Verrückter fahre. Wie ein Verrückter! Neulich nahm er mich zur Seite, um von Mann zu Mann ein paar mahnende Worte an mich zu richten.

»Du hast schon Sorgen genug, mein Junge. Du bist ein schöpferischer Mensch. Du denkst beim Fahren an alles Mögliche. Warum überlässt du es nicht meiner Tochter?«

Auch die Kinder haben es schon gelernt. »Papi«, tönt es von den Hintersitzen, »du bist nicht konzentriert. Lass doch Mami … lass doch Mami …«

Diese entwürdigenden Sticheleien setzen sich zu Hause fort: »Es ist nur Papi«, ruft mein rothaariger Sohn Amir in die Küche. »Nichts ist passiert.« Warum soll etwas passiert sein? Und warum »nur« Papi?

Und ihre Mutter unterstützt sie noch. »Ich würde lachen, wenn dich jetzt ein Verkehrspolizist erwischt! Ich würde lachen!« Oder: »Das kostet dich den Führerschein! Das kostet dich den Führerschein!«

Nach eigener Aussage kann sie sich nur entspannen, wenn sie selbst fährt. Manchmal entwindet sie mir das Lenkrad mit Gewalt und unter lautem Beifall der restlichen Familie. Bisher ist sie zweimal mit je einem Fernlaster zusammengestoßen, einmal mit einem Klavier, hat mehrere Parkuhren umgelegt und ungezählte Katzen überfahren.

»Weil deine wilde Fahrerei mich ansteckt«, erklärt sie. Neuerdings beteiligt sich sogar unsere Hündin Franzi an der Verschwörung gegen mich. In jeder Kurve steckt sie den Kopf zum Fenster hinaus und bellt laut und scharf: »Wau! Wau!« Zweimal. Das zweite Mal im Kursivdruck. Sie will, so dolmetscht sie, zum Ausdruck bringen, dass ich das Lenkrad mit beiden Händen halten soll. Wie jeder andere. Wie jeder andere!

Es gibt auch rückwirkende Kritik. Zum Beispiel passiere ich glatt und anstandslos zwei Fußgänger und werde nach ein paar Metern vorwurfsvoll gefragt: »Hast du sie gehen? Hast du sie gesehen?«

Natürlich habe ich sie gesehen. Natürlich habe ich sie gesehen. Sonst hätte ich sie ja niedergefahren oder wenigstens gestreift, nicht wahr?

»Was machst du denn, um Gottes willen!«, lautet der nächste Mahnruf. »Was machst du?«

»45 Kilometer in der Stunde.«

»Du wirst doch noch einmal im Krankenhaus enden. Oder im Gefängnis. Oder im Gefängnis!«

Sie selbst fährt durchschnittlich 120 Stundenkilometer, was ungefähr der Schnelligkeitsrate ihrer Kommentare entspricht. Unlängst riss sie den Wagen an sich, sauste zum Supermarkt und wurde unterwegs von einer Verkehrsampel angefahren. Sie kroch unter den Trümmern hervor, blass, aber ungebrochen, und seit diesem Ereignis folgt mir ihr vorwurfsvoller Blick auf Schritt und Tritt.

»Stell dir vor, du armer Kerl«, will dieser Blick bedeuten, »stell dir vor, was für ein Unglück es gegeben hätte, wenn du gefahren wärst.«

Ich bin nach längerem Nachdenken zu dem Entschluss gekommen, mir die bewährte »Do-it-yourself«-Methode anzueignen, und tatsächlich geht es jetzt viel besser. Um meiner Familie jede Aufregung zu ersparen, warne ich selbst: »Nach 50 Metern kommt ein Stoppzeichen«, verlautbare ich bei einer Stundengeschwindigkeit von 30 Kilometern. »Ein Stoppzeichen nach 50 Metern!« Oder: »Nicht bei Gelb, Ephraim! Nicht bei Gelb!« Und wenn ich eine harmlose Kurve genommen habe: »Wie ich fahre! Wie ich fahre!«

Auf diese Weise herrscht in meinem Wagen nun doch eine Art von Frieden. Die beste Ehefrau von allen sitzt mit zusammengepressten Lippen neben mir, die Kinder verachten mich stumm, der Hund bellt zweimal, und ich fahre langsam, aber sicher aus der Haut.

Ein Denkmal für den Spinat

Ich war, in einer Beziehung jedenfalls, kein Kind wie alle anderen. Ich aß nämlich Spinat für mein Leben gern. Vielleicht leuchteten mir die Spielregeln nicht ein. Vielleicht war auch der Spinat daran schuld, weil er so gut schmeckte. Wie dem auch sei, meine Eltern waren verzweifelt: Jedes normale Kind hasste Spinat. Und ihr eigen Fleisch und Blut liebte ihn. Es war eine Schande.

Immer wenn bei uns daheim Spinat auf den Tisch kam und ich meine gute Mutter um eine zweite Portion der grünen Delikatesse bat, wies sie mich scharf zurecht: »Da, bitte sehr! Aber du musst bis zum letzten Löffel aufessen. Oder du bekommst von deiner Mami auf deinen du-weißt-schon-wohin du-weißt-schon-was!«

»Natürlich esse ich alles bis zum letzten Löffel auf«, antwortete ich. »Es schmeckt mir ja.«

»Nur schlimme Kinder essen keinen Spinat.« Meine Mutter sprach unbeirrt weiter. »Spinat ist sehr gut für dich. Es gibt wirklich nichts Gesünderes als Spinat. Und du willst doch gesund sein? Also lass dir ja nicht einfallen, zum Spinat pfui zu sagen.«

»Aber Mami, ich ess ihn doch so gern.«

»Du wirst ihn aufessen, ob du ihn gern isst oder nicht! Brave Kinder müssen Spinat essen. Also keine Widerrede!«

»Warum müssen sie?«

»Weil sie sonst in die Ecke gestellt werden, bis Papi nach Hause kommt. Und was dann passiert, kannst du dir denken. Also, iss deinen Spinat schön auf. Na, wird's bald?«

»Ich mag nicht!«

Es war die natürliche Reaktion des kindlichen Gemüts auf einen unverständlichen Zwang. Damit hatte ich meine Mutter genau dort, wo sie mich haben wollte. Und als mein Vater nach Hause kam, fand er sie in Tränen aufgelöst.

»Siehst du?«, schluchzte sie. »Hab ich dir nicht immer gesagt, du verwöhnst ihn zu sehr?«

Mein Vater versetzte mir daraufhin ein paar schallende Ohrfeigen, und wir hatten endlich ein normales Familienleben.

Ich hasste Spinat wie alle anderen Kinder, und meine Eltern waren beruhigt.

Wozu der Lärm?

Mit Wehmut erinnere ich mich an meinen verstorbenen Vater. Das Erste, was er tat, wenn er aus dem Büro nach Hause kam: Er stellte das Radio ab. Das waren Zeiten. Heute verhält es sich umgekehrt. Wenn das Haupt unserer Familie, mein Sohn Amir, aus der Schule nach Hause kommt, dreht er alle lärmerzeugenden Apparate an, die ihm unter die Hand kommen, das Radio, den Plattenspieler, das Fernsehen, den elektrischen Mixer – gleichgültig, was es ist, Hauptsache, dass es lärmt. Die junge Generation liebt den Lärm. Je lauter, desto besser. Verlässlichen Berichten zufolge wächst die Zahl der Eltern, die nur noch mit Watte in den Ohren herumgehen, ständig an.

Manchmal entdecke ich beim Betreten meines Arbeitszimmers, dass sämtliche Kugelschreiber und Bleistifte vom Schreibtisch auf den Boden gerollt sind. Dann weiß ich, dass Amir die neueste »Rolling Stones«-Platte gespielt hat, mit der Lautstärke einer Concorde-Maschine. Die Concorde ist bekanntlich jener Flugzeugtyp, dem ebendarum, der Lautstärke wegen, in New York die Landeerlaubnis verweigert wurde.

Ebenso vielversprechend entwickelt sich Renana, unsere Jüngste. Wenn sie ihre Lieblingsplatten abspielt, klirren die Fensterscheiben, Gemälde fallen von den Wänden, und vergangene Woche bewirkte der Luftdruck eines von ihr veranstalteten »Elvis Presley«

Revivals, dass der Kühlschrank aufging und sich entfrostete.

Mein Nachbar Felix Selig hat in seiner Wohnung ganz ähnliche Wirkungen einer »Rolling Stones« Platte festgestellt. Als die Decke einstürzte, blickten seine Zwillingssöhne nicht einmal auf. Ungerührt hockten sie in der Ruine und lauschten ihren Idolen.

»Damals«, so erzählte mir Felix, »verlor ich die Geduld und begann zu brüllen. ›Zum Teufel, könnt ihr diese Stones nicht etwas leiser spielen?‹ brüllte ich.«

»Bravo! Und was sagten die Zwillinge?«

»Nichts. Sie hatten mich gar nicht gehört.«

Auch ich rebellierte einmal gegen den Höllenlärm ringsum. Wütend betrat ich das Kinderzimmer, ging direkt auf Amir zu und schrie ihn an: »Genug! Aufhören! Ruhe!«

Amir, mein bekanntlich rothaariger Sohn, drehte den Apparat auf eine etwas höhere Lautstärke.

Ich nahm Papier und Bleistift zur Hand.

»Schluss mit dem Krach!«, schrieb ich.

»Mit welchem Krach?«, schrieb Amir zurück.

Sie sind ganz anders geartet als wir, unsere Kinder. Vielleicht sind sie schon mit verdicktem Trommelfell zur Welt gekommen. Vielleicht besitzen sie eine uns verschlossene Empfänglichkeit für Klangeffekte. Denn es ist nicht etwa die Musik, die sie fasziniert. Es ist der schiere, der lautere Lärm. Sie können, ich habe es bei meinen drei Sprösslingen oft genug beobachtet, stundenlang einer in der Rille steckengebliebenen

Nadel zuhören: Abani – bani – bani – bani ... Am wohlsten fühlen sie sich bei einer Kombination von Radio plus Fernsehen plus Elvis plus Trommeln der Fäuste auf den Tisch.

Eine Vorahnung davon findet sich schon im Alten Testament. »Wahrlich«, heißt es bei Jeremias (X,22), »wahrlich, es ist ein großes Lärmen über uns gekommen und ein großer Aufruhr, und die Städte Judas werden verwaist sein und die Wohnungen Israels werden gleichen den Drachenhöhlen.« Und das war vor Erfindung des Stereo.

Gestern ist uns unsere Katze entlaufen. Es geschah, als Rafi, mein Ältester, die Band Pink Floyd entdeckte. Angeblich wimmelt es in der Stadt von tauben Katzen. Wenn Renana »Abba« sagt, was hebräisch so viel wie »Papa« bedeutet, meint sie das gleichnamige schwedische Combo-Quartett, nicht mich. Mich meint sie überhaupt nicht mehr. Keines meiner Kinder nimmt noch irgendeine Notiz von mir. Bestenfalls werde ich bemitleidet.

»Ich brauche gute Musik«, erklärte mir Amir. »Sonst kann ich mich nicht für die Abschlussprüfungen vorbereiten. Ich muss mich konzentrieren.«

Meine Kinder halten mich für einen alten, überflüssigen Lappen, für ein nutzloses Fossil. Sei's drum. Ich weiß, dass ich wenigstens nicht als einziger in dieser traurigen Lage bin. Ich kenne viele Väter, denen es genauso ergeht. Eines Tages werden wir uns alle, mit Hörrohren ausgerüstet, in einer aufgelassenen Drachenhöhle treffen.

In Amerika tun die Angehörigen der jungen Generation keinen Schritt ohne dröhnend aufgedrehtes Radio. Wahrscheinlich bereiten sie sich auf ihre Abschlussprüfungen vor.

Mein Zahnarzt behauptet, man müsse der irregeleiteten Jugend mit psychologischem Raffinement beikommen.

»Sie lärmen mit Absicht«, sagte er. »Weil sie wissen, dass wir das nicht vertragen. Und sie freuen sich, wenn sie uns leiden sehen. Das darf man ihnen natürlich nicht zeigen. Deshalb bitte ich meinen Danny immer, das Radio oder den Plattenspieler stärker aufzudrehen.«

»Und wie reagiert Ihr Danny?«

»Er dreht stärker auf.«

Im Notfall greift mein Zahnarzt zu einem Abwehrmanöver, das er »Wurzelbehandlung« nennt. Er packt das Übel an der Wurzel. Vermittels eines Wackelkontakts, den kein anderes Mitglied seines Haushalts kennt, stellt er einen Kurzschluss her. Gegen das Radio hilft das zwar nichts, aber schon die kleine Ruhepause, die in der dunklen Wohnung eintritt, ist eine Wohltat.

Ich meinerseits denke nicht daran, mich geschlagen zu geben. Ich bin eine Kämpfernatur. Letzten Samstag haben Seligs Zwillinge unten im Garten eine Party veranstaltet. Eine Party? Eine Concorde-Massenlandung. Um 3 Uhr früh befand ich mich in jenem Zustand, in dem selbst der härtest gesottene Spion zusammenbricht und alles gesteht. Es war mir klar, dass ich im Augenblick nichts tun konnte. Hätte ich polizeiliche

Hilfe angefordert, so hätte sich lediglich die Zahl der tauben Polizisten um zwei vermehrt. Aber am folgenden Tag wurde ich aktiv und suchte unser führendes Warenhaus auf, Abteilung Musikinstrumente.

»Geben Sie mir die stärkste Trompete, die Sie auf Lager haben«, heischte ich. »Die größte. Die lauteste. Ich brauche sie für Abschreckungszwecke.«

Zu Hause wartete ich auf die nächste Concorde-Party. Mit der Trompete in der Hand stand ich am offenen Fenster. Als ungefähr zehn Maschinen gleichzeitig landeten, füllte ich meine Lungen mit Oxygen und ließ einen Fanfarenton erschallen, der eine Herde ausgewachsener Elefanten in die Flucht geschlagen hätte. Da sich das Trompetenblasen als erstaunlich leicht erwies – jeder Vater mit genügend Wut im Bauch ist dazu imstande –, folgte alsbald eine weitere Fanfare.

»Tuut – tutuut – tuut!«

Die im Garten versammelte junge Generation wurde allmählich aufmerksam, blickte verwundert zu meinem Fenster empor und bedachte mich, als ich eine Atempause einlegen musste, mit lebhaftem Applaus. Angeregt und ermutigt fuhr ich fort. Meine Leistung steigerte sich, je besser ich meinen Speichel unter Kontrolle bekam. Die Schlusspassage musste ich auf allgemeines Verlangen wiederholen.

Tags darauf klopfte mir mein Sohn Amir anerkennend auf die Schulter, zum ersten Mal seit 15 Jahren. »Meine Freunde finden, dass du gar nicht so übel bist. Kein solcher Musikmuffel wie andere Väter.«

»Bin ich auch nicht.« Ich konnte ein Gefühl der Genugtuung nicht unterdrücken. »Also macht dir dein Vater keine Schande, was?«

»Du bist okay, Alter«, sagte Amir.

Wirklich, ich verstehe nicht, warum manche Leute sich über ein bisschen Lärm so aufregen.

Kinderliebe

Die überschäumende Kinderliebe der besten Ehefrau von allen begann etwa achtzehn Monate vor der Geburt unseres gemeinsamen Zweitgeborenen Amir. Jenes Amirs, der blauen Auges und flammenden Haares durchs Leben schreitet, ebenso wie König David in den Tratschkolumnen der Antike beschrieben wurde. Wachsam und umsichtig wie immer hat die beste Ehefrau von allen schon in diesem frühen Stadium unserer Familienplanung entdeckt, dass das wesentliche Problem der Kindererziehung die Anschaffung eines verlässlichen Babysitters ist. Das ist zwar ein weltweites Problem, aber es ist nahezu unlösbar in einem Staat, der gerade in dem Moment seine Jungen und Mädchen zum Militär schickt, da sie die notwendige Reife für einen Babysitter erreichen. Sogar wenn einmal einer greifbar ist, bekommt man ihn nicht ohne erschwerende Umstände. Die Bedingungen sind folgende: eine wilde Orgie für den Babysitter und seinen Freundeskreis in sämtlichen Räumen unseres Hauses, einige Tonbänder mit heißer Tanzmusik, kühle Erfrischungen, freier Transport hin und zurück sowie ein drahtloses Funkgerät (auch »Walkie-Talkie« genannt). »In Mühsal und Plage sollt ihr eure Kinder großziehen«, sagt die Bibel und nimmt damit sicherlich Bezug auf das Babysitterproblem.

»Ich glaube«, sagte die beste Ehefrau von allen, als

sie unseren König David im fünften Monat unter dem Herzen trug, während ihr Blick, das Land der Griechen mit der Seele suchend, weit über das Meer schweifte: »Ich glaube, Medea hat ihre Kinder nur deshalb getötet, weil sie keinen Babysitter bekommen konnte.«

Ein Gedanke, der nicht so ohne weiteres von der Hand zu weisen ist.

Im siebenten Monat ihrer Schwangerschaft mit Amir kam sie eines Tages mit einer älteren Dame nach Hause. Diese ließ sich im Wohnzimmer nieder, holte aus ihrer Tasche einen größeren Vorrat an Frauenmagazinen sowie Stricknadeln und einen überdimensionalen Wollknäuel. Sie vertiefte sich mit einem Auge in die Lektüre, mit dem anderen strickte sie zwei glatt, zwei verkehrt. Nach etwa drei Stunden wurde ich etwas nervös und verlangte eine Erklärung von meiner Frau.

»Ich habe nicht die Absicht, erst im letzten Moment unser Land nach einem Babysitter zu durchkämmen«, teilte mir das kleine Weib mit dem großen Bauch mit. »Frau Fleischhacker wird bis zur Ankunft des Babys dreimal wöchentlich kommen und danach fünfmal wöchentlich. Sie hat als Babysitter langjährige Erfahrung, und ich lasse sie mir nicht vor der Nase wegschnappen.«

Meine Frau produzierte zur vorgesehenen Zeit unseren zweiten Freudenspender ohne größere Schwierigkeiten, und nach einem flüchtigen Blick auf das rosa Etwas, das vorläufig noch vornamenlos neben ihr lag, rief sie aus: »Sag selbst, sieht er nicht wie ein kahler blonder Engel aus?«

In der Farbe hat sie sich geirrt. Was den Engel betrifft, so mussten wir gemeinsam mit unseren Nachbarn, sofern sie nicht weggezogen sind, bald die Entdeckung machen, dass unser Sohn, hätte er zur Zeit des Falles von Jericho gelebt, in der Lage gewesen wäre, diese Mauern eigenhändig zu Fall zu bringen – oder sollte ich sagen eigenstimmig? Er konnte stundenlang brüllen, unser Amir, er brüllte, bis sein Gesicht blau anlief, und nur eines konnte ihn davon abhalten: Bewegung. So wie jeder waschechte Israeli war er nur dann schweigsam und glücklich, wenn er auf Reisen war. Ich könnte ein ganzes Buch über dieses Thema schreiben: »Wanderjahre mit meinem Sohn«. Genau das war's, was wir die ersten drei Jahre seines Lebens taten: Kinderwagen schieben. (Davon blieb mir bis zum heutigen Tag die traumatische Abneigung gegen Supermärkte.) Wann immer ich an der Reihe war, den Kinderwagen zu schieben, und versuchte, mich dem vorsichtig zu entziehen, erklärte mir die beste Mutter von allen, dass das Kind unter Winden im Bäuchlein leide.

»Freilich«, erwiderte ich, während ich erschöpft meinen Nachkömmling auf der Terrasse hin und her schob, »und wenn ich ihn im Kinderwagen schaukle, hat er keine Winde?«

»Nein«, sagte die beste Ehefrau von allen, »dann nicht.«

Das Ergebnis dieser verpfuschten Erziehung sollte siebzehn Jahre später klar zutage treten. Amir bekam einen Tobsuchtsanfall, als meine Frau sich weigerte,

ihm zwei Minuten nach seiner bestandenen Fahrprü-
fung ihren Wagen zu leihen. Als ich sah, wie sich mein
rothaariger Sohn in seiner ganzen Länge auf den Boden warf und schrie: »Auto! Amir will Auto!«, sagte ich
meiner Frau mit der mir eigenen Ruhe: »Ich glaube,
das Kind hat noch immer Winde im Bäuchlein.«

Die Antwort meiner Allerbesten soll aus dem Pro-
tokoll gestrichen werden.

Zum Thema Kindererziehung, wie gesagt, hatten
wir schon immer divergierende Ansichten. Die beste
Ehefrau von allen zum Beispiel hatte die letzten achtzehn Jahre nicht wenig Kinderfotos in ihrer Handtasche. Und alle diese Fotos zeigte sie denen, die an Kindern interessiert waren oder nicht.

»Ein Kind kann sich ändern«, argumentierte sie,
»aber auf dem Foto bleibt es immer so, wie es ist.«

Was unsere beiden Kinder betrifft, so sind sie natürlich sehr lieb und klug und neurotisch vom Schei-
tel bis zur Sohle. Dazu möchte ich jedoch hier einen
Luftpostbrief veröffentlichen, den mir die beste Ehefrau von allen vor sechzehn Jahren geschrieben hat.

Mein lieber Ephraim,
seit Du weg bist, ist viel passiert in unserem Land.
Ich werde versuchen, Dir alles Wesentliche zu berichten. Solange es geht, das heißt, solange Amir noch im
Garten spielt.

Du wirst Deinen Sohn nicht wiedererkennen, wenn
Du zurückkommst. Er ist ein lieber, ruhiger, guterzo-
gener Bub geworden. Jetzt spielt er ganz alleine im

Garten, ohne dass jemand auf ihn aufpasst. Der süße Kleine.

Er ist auch sehr gewachsen. Wenn er zum Beispiel auf Zehenspitzen steht, kann er die Wäsche erreichen, die zum Trocknen auf der Leine hängt, und ein Wäschestück nach dem anderen herunterziehen.

So weit also Amir. Jetzt will ich Dir über die politische Lage in unserem Land berichten. Aber vorher möchte ich Dir erzählen, wie ich meine Tage verbringe.

Also, mein Tag beginnt normalerweise um drei Uhr in der Nacht. Um diese Zeit wacht nämlich Amir auf und kriecht unter meine Decke. Er hängt so an mir, der kleine Goldschatz. Kaum dass er mich sieht, macht er sein Mündchen auf und ruft: »Dadada.« Was er damit sagen will, weiß ich nicht. Vielleicht glaubt er, dass es mein Name ist. Übrigens passiert es sehr oft, dass ich mich frage, was er meinen könnte. Er plappert nämlich den ganzen Tag, er ist ein ungewöhnlich begabtes Kind. Nur verstehe ich nicht, was er sagt.

Also, was die Lage betrifft: Zwischen drei Uhr nachts und neun Uhr vormittags spielen wir, Amir und ich. Dann, wenn wir müde sind, geht Amir schlafen. Du müsstest ihn mal sehen, wenn er schläft: wie ein kleiner Engel. Stell Dir vor, er streckt sich ganz in seinem kleinen Bett aus, mit seinem goldroten Lockenkopf auf dem Polster, und schließt die Augen! Und das ist noch nicht alles! Er atmet durch seine hübsche kleine Nase aus und ein und ein und aus.

Wie findest Du das?

Ich war gerade im Garten, um nachzusehen, was er

macht. Du wirst es nicht für möglich halten, aber er fängt Schmetterlinge. Er liebt Schmetterlinge. Unser neuer Hausarzt sagt, dass es ihm nicht schaden wird. Ich meine seinem Magen.

Da fällt mir ein, dieser aufdringliche Doktor sagt, dass er bei uns einziehen sollte. Er will sich offenbar das ewige Hin- und Herfahren von seinem Haus zu unserem ersparen.

Jetzt zu den neuesten Ereignissen in unserem Land. Zu dumm, dass ich sie nicht sehen konnte. Unser Fernsehapparat ist nämlich kaputt, weil Amir ihn getreten hat. Der Kleine hat geglaubt, dass es ein eckiger Hund war. Ist das nicht merkwürdig, wie er vor nichts und niemand Angst hat, unser Bub?

Gestern hat er alles, was auf Deinem Schreibtisch lag, aus dem Fenster geworfen. Der Doktor sagt, das sei vollkommen natürlich, weil er Zähne bekommt. Amir, nicht der Doktor. Vielleicht hat er recht. Neulich hat Amir beispielsweise seine kleinen Zähne in ein Polster gegraben und es dann kräftig durchgebissen. Dann hat er die Federn aus dem Polster geschüttelt und durch das ganze Zimmer gewirbelt. Und dieses Kind hat noch nie in seinem Leben Schnee gesehen!

Ich habe eben hinausgesehen. Amir ist jetzt in den Nachbargarten gegangen, weil es in unserem Garten keine Blumen mehr gibt. Er liebt die Blumen genauso wie die Schmetterlinge. Er hat sich jetzt gerade mit der Katze unserer Nachbarn angefreundet. Er versucht, sie am Schwanz durch den Zaun zu ziehen. Die Katze nennt er auch »Dadada«.

Jetzt wollte ich Dir über die Inflation berichten, aber er weint draußen. Ich schaue nach, was los ist.

Du wirst es nicht erraten, was passiert ist! Du erinnerst Dich doch sicher, wie gern Amir Schallplatten spielt? Jedenfalls hat er jetzt eine nach der anderen über den Gartenweg gerollt, aber plötzlich ist Tschaikowskys erstes Klavierkonzert davongetrudelt, und da begann er zu weinen. Ich kann es nicht aushalten, wenn er weint, es bricht mir das Herz.

Also habe ich ihn gefragt: »Amiri, mein kleiner Liebling, sag doch Dadada, wo Tschaikowskys Klavierkonzert ist.« Da zeigte er mit seinem kleinen süßen Finger auf den Akazienstrauch auf der anderen Straßenseite. (Du erinnerst Dich, wo wir die zerbrochene Fensterscheibe hingeworfen haben.) Also gehe ich hin zu den Akazien, um Tschaikowsky zu holen. Was glaubst Du, was ich dort fand? Nichts! Er hat mich an der Nase herumgeführt, der kleine Fuchs!

Dass Du derzeit krank bist, tut mir leid. Amir hat gestern auch geniest. Kein Wunder, schließlich ist er knöcheltief durchs kalte Wasser gewatet. Ich habe übrigens vergessen, Dir zu erzählen: Während ich ihm Milchschokolade besorgte, hat er alle Wasserhähne im Haus geöffnet. Glaub ja nicht, dass ihm das irgendjemand gezeigt hat. Das hat er ganz allein herausgefunden. Mach Dir keine Sorgen, die Versicherungsleute sind sehr zuvorkommend. Sie haben mir einen Bonus angeboten, wenn ich Amir zu Dir ins Ausland schicke. Sie haben sich in das Kind auf den ersten Blick verliebt.

Das wäre also alles, was ich über die Lage in unserem Land zu berichten habe. Schreib mir bald wieder und erzähle mir, wo Du überall warst, und vor allem, was die Kinder dort anziehen, was sie essen und wie alt sie sind.

In Gedanken stets bei Dir
Deine Dadada

PS: Wenn Du mir wieder einen Brief schreibst, ruf mich an und lies ihn mir vor. Unser Briefträger will nicht mehr kommen. Er hinkt.

Festival im Ferienlager

Als unsere süße kleine Renana ins Leben trat, beherrschte sie die Familie von Stund an. Unser Nachwuchs war somit verdreifacht, und ebenso verdreifachte sich der daraus resultierende Lärm.

Lärm? Falsch. Das rechte Wort dafür muss noch erfunden werden. Es handelte sich um eine Collage von Schreien und Brüllen, begleitet vom Stampfen unzähliger Füße, von Türenknallen, ohrenbetäubendem Krach herumgeworfener Gegenstände. Man brauchte viel Zeit, bis man sich dran gewöhnt hatte.

»Ist dir schon aufgefallen«, bemerkte eines Tages die beste Ehefrau von allen mit nachdenklichem Blick, »wie öd und leer unser Haus wirkt, wenn die Kinder nicht daheim sind?«

Meine Einstellung war da wesentlich gemäßigter. Meiner Meinung nach kann hin und wieder ein bisschen Leere nicht schaden. Natürlich spreche ich nicht von üblichen Werktagen, an denen die Kinder in den Mauern ihrer Schule eingekerkert sind und als Folge davon in unserem Haus eine himmlische Ruhe einkehrt. Nein, ich spreche von der teuflischen Erfindung »Schulferien«, wenn die Kinder den ganzen Tag daheim verbringen und uns langsam, aber sicher dem Wahnsinn in die Arme treiben.

Die einzige Erlösung aus diesem Pandämonium heißt »Ferienlager«, es möge blühen und gedeihen.

Dies ist ein gesegneter Ort, an den die Kinder und ihr Lärm für die gesamte Dauer der schulfreien Zeit verbannt werden.

Man hat zum Glück eine reiche Auswahl. Es gibt Lager, in denen die schönen Künste Priorität haben, andere betonen Sport und körperliche Ertüchtigung der Kinder, wieder andere widmen sich dem intellektuellen Training, und schließlich gibt es Lager, die an hohen Einnahmen interessiert sind. Alle aber haben etwas gemeinsam, sie erzeugen Ruhe und Frieden in den Elternhäusern. Außer natürlich im Elternhaus meiner Kinder.

Die beste Mutter von allen weigerte sich nämlich standhaft, auch nur einen einzigen Tag ohne ihre kleinen Engel zu leben. Ich habe ihr in diesem Punkt zwölf ohrenbetäubende Sommer lang nachgegeben.

Zwölf Jahre lang – dann brachen wir zusammen.

»Hör zu«, sagte die beste Ehefrau von allen plötzlich im letzten Sommer, während sie sich die Watte aus den Ohren zog, »glaubst du nicht auch, dass ein Ferienlager für die geistige Entwicklung unserer Kinder vielleicht von Vorteil sein könnte?«

So geschah es also, dass wir Renana während der diesjährigen Schulferien bei Elisheva Holzer deponierten. Wir sagten uns, es könnte ihr nichts schaden. Sie würde Spaß haben, könnte mit Gleichaltrigen zusammen sein, würde sich anpassen, unabhängiger werden – kurz: weg von zu Hause.

Nicht, dass uns die kleine Renana etwa auf die Nerven ginge. O nein! Sie ist ein süßes kleines Mädchen, auch wenn sie nicht bereit ist, etwas anderes zu essen als ihre Fingernägel, sich weigert, vor Mitternacht ins Bett zu gehen, den ganzen Tag ihr Haar kämmt, weder Milch noch Grammatik mag, bei jedem unserer unauffälligen Erziehungsversuche zu brüllen beginnt, mit Dingen um sich wirft und arabisch flucht ...

Also brachten wir sie zu Elisheva Holzer. Wir taten es nur ihr zuliebe. Nur ihr Wohlergehen hatten wir im Auge und den nahöstlichen Friedensprozess im Allgemeinen. Anfangs hatten wir das schöne Feriencamp mit den bezaubernden Ponys erwogen, aber Elisheva Holzer lag näher.

Wir lieferten unsere Renana an Elishevas Tor ab und fuhren davon, ohne auch nur einen einzigen Blick durch den Rückspiegel zu riskieren. Mehr noch: Wir schworen einander hoch und heilig, uns während einer ganzen Woche nicht nach ihr zu erkundigen.

Erst als wir zu Hause ankamen, stürzte die beste Ehefrau von allen zum Telefon und fragte Frau Holzer, ob sich unser armes Küken mit seinem Schicksal abgefunden hätte, und überhaupt, wie es ihr gehe.

»Ich bin sicher, dass Ihr Kind hier sehr glücklich sein wird«, sagte Elisheva, »vorausgesetzt, dass die Kleine nicht ununterbrochen belästigt wird.«

Wir teilten den Holzer'schen Optimismus nur bedingt. Schließlich kannten wir den kleinen Satansbraten. Wir beneideten die Holzer nicht eine Sekunde.

Zwei Tage vergingen. Dann kam die beste Ehefrau von allen mit einem genialen Vorschlag: Wir könnten doch ganz beiläufig an Elishevas Ferienlager vorbeifahren, um einen Blick hineinzuwerfen. Ich hatte grundsätzlich nichts dagegen, und so begaben wir uns auf eine Erkundungsreise. In unseren Köpfen spukte die Vision von einem tränenüberströmten kleinen Mädchen und einer kurz vor dem Nervenzusammenbruch stehenden Holzer.

»Die arme Elisheva«, seufzte die beste Ehefrau von allen, »eigentlich ist sie doch eine sympathische Person.«

Die Realität ließ unsere Schreckensvision zu nichts verblassen. Ein Blick über den Zaun zeigte uns eine Renana, die mit anderen Kindern im Gras kauerte und ein Buch las. Ein echtes Buch! Und sie blätterte es nicht nur missmutig durch, sie las darin. Und das zu einer Zeit, da im Fernsehen schon der Zeichentrickfilm begonnen hatte! Niemals – ich sage niemals – wäre so etwas zu Hause denkbar gewesen. Erschüttert brachen wir das Tor auf und liefen der Holzer direkt in die Arme. Sie drängte uns in eine Ecke.

»Das Kind passt sich an«, flüsterte sie, »warum stören Sie?«

»Verzeihen Sie«, sagten wir, »wir wollten nur wissen, wie Sie das Kind während des Trickfilms zum Lesen bringen.«

Wortlos führte uns Frau Holzer zu einer schwarzen Tafel, auf der ein »Tagesplan« verzeichnet war.

»Das Kind liest nicht«, belehrte sie uns mit herablassendem Lächeln. »Renana nimmt an einem Buch-Festival teil. In Kürze werden wir uns dem Abendessen zuwenden.«

»Was«, keuchte meine Frau, »was gibt's denn zum Abendessen?«

»Verschiedene Milchspeisen.«

Milch! Wir konnten es nicht fassen. Um den Wahrheitsgehalt von Elishevas Behauptung zu überprüfen, blickten wir wieder auf die Tafel, und dort lasen wir weiß auf schwarz:

»Heute um 18.30 Uhr Beginn des großen Milch-Symposions und um 21 Uhr Startschuss zur Schlaf-Olympiade.«

»Um neun Uhr«, rief die beste Ehefrau von allen verdattert. »Sie geht, verdammt noch einmal, um neun Uhr zu Bett?«

Die Holzer hingegen lächelte nur. Wir überflogen das Programm des nächsten Tages. Es begann mit einem »Zahnputz-Konzert«, gefolgt von einem »Reinigungs-Trip«. Was uns den Rest gab, war ein »Grammatik-Hürdenlauf«, der gleich nach dem »Geschirrspül-Jamboree« stattfinden sollte.

»Madame«, ich verneigte mich tief vor Elisheva, »Sie sind ein Genie.«

»Na ja«, meinte sie, »so sagt man allgemein.«

Unsere Tochter hatte uns inzwischen erspäht. Fröhlich tanzte sie auf uns zu. Ihr Gesicht glühte vor penetranter Lebensfreude.

»Gleich gibt's Abendessen!«, jodelte sie. »Wiedersehn!«

Und weg war sie, um am »Fingernägel-Karneval« teilzunehmen. Das war ein gesellschaftliches Ereignis, dessen besonderes Merkmal darin bestand, dass die

Teilnehmer ihre Fingernägel mit der Schere zu schneiden hatten, anstatt sie ungekocht zu verzehren.

Ich spürte, wie die beste Ehefrau von allen an einem akuten Minderwertigkeitskomplex zu leiden begann. Mit Recht übrigens, die Holzer war eine meisterhafte Pädagogin.

Meine Frau wandte sich an die große Erzieherin. »Fabelhaft! Ich bewundere Sie!«

Wir verabschiedeten uns. Am Tor fing uns Renana ab und zog unsere Köpfe zu sich herunter.

»Gestern«, kicherte sie selig in unsere Ohren, »gestern hatten wir um acht Uhr eine ›Licht-aus-Orgie‹!«

Um acht Uhr! Sie ist tatsächlich um acht Uhr ins Bett gegangen, diese kleine Schlange.

Auf der Heimfahrt war die Luft in unserem Wagen ein wenig stickig. Meine Frau schlug vor, Renanas Aufenthalt bei Elisheva Holzer drastisch abzukürzen, auf dass sie nicht Schaden nähme an Leib und Seele.

»Warum?«, fragte ich. »Sie scheint doch sehr glücklich zu sein.«

»Ebendarum! Je glücklicher sie sich dort fühlt, desto niedergeschlagener wird sie zu Hause sein.«

Ich musste ihr recht geben. Unsere Kleine würde die Heimkehr als schrecklichen Abstieg empfinden. Also beschlossen wir, die Beste und ich, der großen Holzer einige Ideen zu stehlen, um ihre Pädagogik-Gags auch zu Hause anzuwenden.

Als Renana am Vorabend des ersten Schultages an unseren Busen zurückkehrte, schloss sie sich zunächst einmal in ihrem Zimmer ein. Dort fand sie über dem

Bett folgende Nachricht: »Hurra! Morgen gibt's eine Früh-aufsteh-Fiesta und anschließend einen Wieder-zur-Schule-Marathon!«

Ihre Zimmertür öffnete sich, und gemessenen Schrittes kam sie auf uns zu.

»He!«, sprach sie zu ihren Eltern. »Wer hat diesen Blödsinn verzapft?«

»Das war Mami«, sagte ich mit öligem Lächeln, »wir haben nämlich beschlossen, auch solche schönen Spiele und Partys zu veranstalten wie ...«

»Zu Hause?« Renana zuckte die Achseln und ließ uns stehen. Wir verwarfen natürlich sogleich den Plan eines »Spinat-Kongresses«, und zum Abendbrot aß unsere Kleine, von einigen Fingernägeln abgesehen, so gut wie nichts.

Ich schlug der besten Ehefrau von allen vor, unsere Tochter das ganze Jahr bei Elisheva Holzer zu lassen, worauf sie mich einen Unmenschen nannte. Ich legte ihr nahe, an einem »Besenstiel-Rodeo« teilzunehmen, worauf sie etwas von einer »Idioten-Enquete« murmelte ...

Was die Holzer betrifft, so haben wir sie immer schon für eine widerliche Ziege gehalten.

Der Mann am Drücker

Josef K. kam unter größten Anstrengungen an seinem Geburtstag zur Welt. Vor diesem Zeitpunkt weilte er an einem engen und dunklen Ort.

Schon bei seinen ersten Bewegungen übte er mit allen ihm zur Verfügung stehenden Kräften einen starken Druck auf seine direkte Umgebung aus und erblickte zum vorgesehenen Zeitpunkt mit einem schrillen Schrei das levantinische Tageslicht.

Über die näheren Umstände seiner Geburt hatte sich der kleine Jossi niemals Gedanken gemacht. Er selbst lernte die Bedeutung des Wortes »Druck« erst im zarten Alter von drei Jahren kennen. Und zwar an jenem denkwürdigen Tag, als er, kaum der Sprache mächtig, seinen Eltern unwirsch mitteilte, dass er dringend eine Trommel bräuchte.

Aus verständlichen Gründen waren Jossis Eltern nicht bereit, diesen Wunsch zu erfüllen. Also brach der kleine Jossi, von einem sicheren Instinkt geleitet, in Tränen aus und begann, einige Stunden lang aus Leibeskräften draufloszubrüllen.

Jossis Vater blieb unnachgiebig. »Von mir aus kannst du plärren, solange du willst, du Dickschädel«, sagte der pensionierte Schlittschuhschleifer, »wir werden ja sehen, wer von uns beiden als erster genug hat.«

Nach knapp 48 Stunden bekam der Kleine seine Trommel. Schließlich wollten seine Eltern Ruhe im

Hause haben. In diesem Augenblick wurde Josef K. schlagartig bewusst, welche Funktion der Druck im täglichen Leben spielen kann.

In der siebten Schulklasse sollte er ein »Ungenügend« in Betragen bekommen. Jossi ging zu seinem Klassenlehrer und teilte ihm mit, dass von einem ungenügenden Betragen seinerseits keine Rede sein könne, denn er sei, ganz im Gegenteil, schon immer höchst folgsam und brav gewesen. Der Klassenlehrer war anderer Ansicht. Daher sah Jossi sich gezwungen, heftige Hustenanfälle einzusetzen und zusätzlich eine Zeugin für sein vorbildliches Betragen ins Treffen zu führen. Seine Mutter ging zum Klassenlehrer und teilte ihm mit, dass ihr Junge schon immer höchst folgsam und brav gewesen sei. Sie schlug dem Klassenlehrer einen großen Regenschirm über den Schädel. Es war Herbst mit kapriziösem Wetter. Der Getroffene beharrte weiterhin auf seiner Meinung, also bekam er es mit einem zusätzlichen Zeugen zu tun, nämlich Jossis Vater. Der warnte den sturen Pädagogen, dass sein Sprössling wie irre zu toben beginnen würde, wenn das Schulzeugnis nicht auf sein auffallend braves Benehmen hinweise. Bei dieser Gelegenheit zeigte er dem Klassenlehrer auch ein ärztliches Zeugnis, dass er, d.h. der Vater, nicht zurechnungsfähig sei. Der Klassenlehrer versprach, den Fall noch einmal zu überdenken.

Als Jossi ihm freundlich andeutete, dass noch eine ganze Reihe von ebenso gut präparierten Verwandten als Zeugen auftreten könnten, taute der Klassenlehrer endlich auf und korrigierte die Note auf »Genügend«, womit sich Jossi widerwillig zufriedengab.

Als Jossi in das Alter kam, seinen Wehrdienst zu absolvieren, weigerten sich die Militärärzte, ihn für tauglich zu erklären, weil ihnen sein Gesundheitszustand bedenklich erschien. Jossis Stolz war verletzt. Er holte sich bei einem befreundeten Arzt ein Attest, dass gerade er besonders tauglich wäre, und legte es dem Militärarzt vor. Dieser blieb unbeeindruckt. Also holte sich Jossi ein Attest von einem befreundeten Oberarzt und legte es dem Militärarzt vor. Vergebens. So sprang Jossi zum Fenster hinaus und brach sich ein Bein.

Da erkannte der Militärarzt den Ernst der Lage, korrigierte sein Urteil und erklärte Jossi für voll tauglich.

Kurz nach seiner Genesung musste der gemeine Soldat Josef K. jedoch erkennen, dass das Soldatenleben nicht annähernd so bequem war, wie er es sich immer vorgestellt hatte. Vor allem die Kampfübungen fand er so ermüdend, dass er sich wieder zum Militärarzt begab, um aus gesundheitlichen Gründen eine Versetzung in eine Verwaltungseinheit zu beantragen. Der Militärarzt stellte nach gründlicher Untersuchung fest, dass hierfür kein Grund vorläge. Um Zeit und überflüssige Worte zu sparen, sprang Jossi sofort zum Fenster hinaus, fiel jedoch auf einen Komposthaufen und blieb unverletzt. Der Militärarzt aber wollte Komplikationen vermeiden und setzte Jossis Tauglichkeitsgrad wegen unüberwindlicher Sprungsucht um zwei Stufen herab. Worauf der gemeine Soldat Josef K. in den Stallungen der Bürohengste verschwand.

Nach seiner Entlassung aus der Armee fasste Jossi den Entschluss, sich im bürgerlichen Leben zu etablieren. Er begab sich zur Stadtverwaltung und bat den für ihn zuständigen Unterabteilungsleiter um Zuweisung einer Wohnung. Dieser teilte ihm bedauernd mit, dass Wohnungen ausschließlich an gediente Soldaten vergeben würden. Da ging Jossi zur Schwester des Unterabteilungsleiters, die er zufällig kannte, und erzählte ihr von seinen Nöten. Die Schwester rief ihren Bruder an, um ihm mitzuteilen, dass Josef K. ein gedienter Soldat sei.

Er teilte seiner Schwester mit, dass es bei ihm keine Protektion gäbe. Dies umso mehr, als die Fenster seines Büros mit Gittern versehen wären.

Josef K. ersuchte die Schwester, auch weiterhin mindestens einmal pro Tag anzurufen, während er selbst sich vor dem Rathaus zu einem Sitzstreik niederließ. Neben sich pflanzte er ein großes Plakat auf mit der Aufschrift: »Warum bekommen nur gediente Soldaten Wohnungen?« Zur Sicherheit warf er jede Nacht ein paar verblichene Katzen durch das Schlafzimmerfenster des Unterabteilungsleiters, um diesen davon zu überzeugen, dass er, Josef K., ein gedienter Soldat sei.

Er verließ sich mehr und mehr auf persönlichen Druck. Die Schwester wurde gebeten, drei- bis viermal täglich anzurufen. Josef hingegen setzte sich vor die Bürotür des Unterabteilungsleiters und schlug während der gesamten Bürozeit auf seine Trommel ein. Nachts warf er zusätzlich zu den verblichenen Katzen auch noch einige alte Schuhe durch das Schlafzim-

170

merfenster des unkooperativen Beamten. Donnerstag blieb ihm keine andere Möglichkeit, als die Bürotür aufzustemmen, um mit einem Drei-Zoll-Leitungsrohr die Büroeinrichtung zu zertrümmern.

Der verängstigte Unterabteilungsleiter rief sofort nach der Polizei, doch die Beamten waren wegen der Fußballmeisterschaft überlastet. Also blieb ihm nichts anderes übrig, als endlich zur Kenntnis zu nehmen, dass Josef K. ein gedienter Soldat war.

So kam unser Held zu einer netten, zentral gelegenen Zwei-Zimmer-Wohnung mit Küche und Nebenräumen. Er richtete die Wohnung äußerst geschmackvoll ein, was sogar der Unterabteilungsleiter zugeben musste, als er ihn zur Einweihungsparty, gemeinsam mit seiner Schwester, besuchte.

In jenen Tagen lernte Josef K. ein für allemal, dass Stress nicht nur ein Mittel ist, das vom Zweck geheiligt wird, sondern auch eine Art von Lebensform, die ihre eigenen Spielregeln und Statuten hat.

Wie nicht anders zu erwarten, hatte sich Josef K. inzwischen in die Schwester des Unterabteilungsleiters verliebt und wollte sie sogar ehelichen. Doch die hochgewachsene junge Frau lehnte seinen Antrag mit der Begründung ab, dass er kein Einkommen hätte. Daraufhin ging Josef zum Unterabteilungsleiter und ersuchte ihn, seine Schwester zweimal täglich anzurufen, um ihr zu erklären, dass er, Josef, sehr wohl ein Einkommen habe. Doch die Angebetete blieb kalt. Daraufhin verfasste Josef ein vierundzwanzig Strophen langes Liebesgedicht in Hexametern.

»Ein Liebesgedicht, egal welcher Länge, sei keine Garantie für die Fähigkeit, eine Familie zu ernähren«, sagte die hochgewachsene junge Frau.

So wurde Josefs nächstes Gedicht achtundvierzig Strophen lang. Er sandte es gemeinsam mit einem überdimensionalen Blumenstrauß an seine Angebetete, mit demselben Misserfolg. Auch eine sechsundneunzig Strophen lange Ode in Verbindung mit einem riesigen eingetopften Kaktus erreichte keinen Meinungsumschwung, besonders da Josefs künftige Braut sich mittlerweile weigerte, mit ihrem Bruder telefonisch zu sprechen.

Was konnte Josef K. anderes tun, als mit einem Band selbstverfasster Sonette in der Hand persönlich bei seiner Geliebten aufzutauchen? In der anderen Hand hielt er ein geladenes Luftdruckgewehr.

»Geben Sie endlich zu, dass ich ein Einkommen habe?«, fragte er die hochgewachsene junge Frau, während er den Mündungslauf an seine Schläfe presste.

»Natürlich«, flüsterte Shoshanna hold errötend, und die beiden schritten spontan zum Rabbiner des nächstgelegenen Standesamtes.

Josef K. wurde somit zum Ehemann, der sein Weib streng, wenn auch nicht ganz lieblos behandelte.

Sofort nach der Eheschließung ging Josef K. auf die Suche nach einem Einkommen. Nach einigen Überlegungen suchte er um die Konzession für die Eröffnung eines Eiscremekiosks im Zentrum von Tel Aviv an. Selbstverständlich wurde ihm diese Konzession nicht so ohne weiteres erteilt, denn solche Vergünstigungen waren ausschließlich jungen, verheirateten Männern vorbehalten, die nachweisbar ihren Militärdienst absolviert hatten. Josef K. wusste schon, was zu tun war. Er holte sich sofort ein Empfehlungsschreiben von seinem Onkel und ging damit zum zuständigen Beamten. Dieser sah den Zettel lange an und behauptete, den Onkel nicht zu kennen. Ohne Zeitverlust wandte sich unser Held an ein Mitglied der Gewerkschaftsexekutive mit der Bitte um ein persönliches Schreiben, in dem ausdrücklich vermerkt sein sollte, dass der zuständige Beamte besagten Onkel sehr wohl kenne. Doch der Beamte erwiderte, dass er auch von jenem Herrn der Gewerkschaftsexekutive noch niemals gehört habe. Daraufhin machte Josef den Beamten mit dem Gewerkschaftsführer bekannt, und der stellte dem Beamten Josefs Onkel vor. Aber just zu diesem Zeitpunkt wurde der Beamte in den Süden versetzt, um dort die Leistungsfähigkeit des Staatsapparates zu vermindern. Sein Nachfolger war zufällig ein alter Freund von Josefs Onkel und ließ daher sein Empfehlungsschreiben unbeachtet liegen, woraufhin Josef K. sofort den Schreibtisch des neuen Beamten in Brand steckte.

Diese Regelung war leider nur provisorisch. Der neue Beamte gab zwar Josef K. eine Empfehlung an sich selbst, aber in unleserlicher Handschrift.

Der enttäuschte Jossi entschied sich für das juristische Vorgehen und erhob beim Bezirksgericht Anklage gegen die ganze Bande. Gleichzeitig beantragte er beim Obersten Gerichtshof eine Einstweilige Verfügung, derzufolge das Bezirksgericht begründen sollte, warum es nicht bereit sei, die Klage des Josef K. zuzulassen. Darüber hinaus beantragte er beim Obersten Rabbinat einen Bannfluch gegen das Oberste Gericht, falls dieses nicht bereit sei, die Einstweilige Verfügung gegen das Bezirksgericht zu erlassen.

Um aber ganz sicherzugehen, suchte er nochmals den zuständigen Beamten auf. Bei dieser Gelegenheit brachte er einen verrosteten Kanister mit und begoss den Staatsdiener mit einer Mischung aus Waschbenzin und giftgrüner Acrylfarbe.

Zum Erstaunen aller Beteiligten wurde er daraufhin verhaftet und verbrachte fast eine ganze Woche im Gefängnis. Als er endlich gegen stark ermäßigte Kaution entlassen wurde, rannte er unverzüglich mit dem verrosteten Kanister zum Beamten zurück und erhielt sofort die Konzession für die Errichtung des Eiskiosks im Zentrum von Tel Aviv. Zwar handelte es sich nur um ein bescheidenes Unternehmen, doch sicherte es Herrn K. und seiner kleinen Familie ein angemessenes Einkommen.

Mittlerweile war die hochschwangere Gattin des Josef K. bereits ins Krankenhaus eingeliefert worden. Der werdende Vater stürzte sich sogleich auf den Oberarzt mit dem Auftrag, dass seine Frau unbedingt einen Sohn zur Welt bringe.

»Warum ausgerechnet einen Sohn?«, fragte der Mediziner.

»Weil nur ein Mann in der Lage ist, den Stress im Leben zu ertragen«, antwortete Jossi K.

Der Oberarzt behauptete, darauf keinen Einfluss zu haben. Also ging Jossi mit dem verrosteten Kanister wieder zu seinem Freund, dem Beamten von der Konzessionserteilung, um diesen durch die bewährte Mischtechnik um einige telefonische Empfehlungen zu bitten.

Der Oberarzt blieb ungerührt und weigerte sich unsinnigerweise. Und zwar so lange, bis Josef K. einen gutvorbereiteten Nervenzusammenbruch erlitt, die Oberschwester biss und laute Klagelieder anstimmte. Damit erreichte er endlich sein Ziel, der Arzt gab seinen Widerstand auf, und Josef K. wurde Vater eines strammen Sohnes.

In diesem gemächlichen Stil ging das Leben des Durchschnittsbürgers Josef K. jahrelang weiter. Viele seiner Bekannten glaubten, dass Josef K. ein Glückspilz wäre, dem Fortuna Erfolg beschert, doch er selbst wusste genau, dass jedes Gelingen nur unter äußerstem Stress erfolgt war.

Der andauernde Druck unterwanderte schließlich seine Gesundheit, und eines Tages brach er zusammen.

Ehe Josefs müdes Herz zu schlagen aufhörte, lächelte er vor sich hin und dachte: »Endlich erreiche ich hierzulande etwas, ohne Druck auszuüben.«

Und damit schloss er seine Augen für immer.

Der Arzt notierte die Todesursache: zu hoher Blutdruck.

Satiren zur täglichen Katastrophe

Ephraim Kishon hat es schon immer geahnt: Was wir wirklich brauchen, in guten wie in schlechten Zeiten, ist das Lachen. Und die Erkenntnis: Krisen gehen vorüber, wenn der Humor bleibt.

176 Seiten, ISBN 978-3-7844-3198-7

Die liebe Verwandtschaft

Unangemeldete Besuche des Erbonkels, Tanten, die alles besser wissen, Urlaub mit Kind und Kegel: Der Verwandtschaft kann man meistens nicht entkommen. Doch der Weltmeister des Humors findet in jeder noch so absurden Situation den Moment, in dem ein befreiendes Lachen alles wieder ins Lot bringt.

160 Seiten, ISBN 978-3-7844-3230-4

Die netten Nachbarn

Ob es um die Lautstärke geht, mit der man Musik hören darf oder die Renovierung der Wohnung, bei der alle mitleiden – Nachbarn sind eine besondere Spezies, die einem das Leben nicht immer leicht macht. Allerdings ist auch die Hilfe unter Nachbarn legendär. Familie Kishon erlebt viel Abenteuerliches mit ihren lieben Nachbarn …

160 Seiten, ISBN 978-3-7844-3259-5

Bücher von Ephrain Kishon bei Langen*Müller*